정치하는 사람들의 생각은 조금씩 세상을 바꿉니다.
이 책은 교육에 대한 저의 생각이 어떻게 세상을
조금씩 바꾸었는지에 대한 기록입니다.
앞으로도 더 많이 듣고 생각하겠습니다.
저희가 바꾸어 나가는 세상이 여러분의 삶에 조금이라도
도움이 되기를 기원합니다.

도시를
그리다

살기 좋은 도시, 화성을 위한 돌봄과 평생교육 추진기

도시를 그리다

서철모 지음

이콘

어린이문화센터에서 아동의회 위원들과 만나는 자리가
있었다. 시장이 온다고 해서 부지런히 준비를 했는지, 도착
하자마자 질문이 쏟아졌다. 교육, 건강, 안정, 교통 등 아동위
원들의 관심 영역은 다양했다. 어떤 아동위원은 한 부모 가
정, 다문화 가정, 입양, 장애 등 다양한 처지에 놓인 아이들
에 대한 사람들의 인식을 개선해야 한다고 목소리를 높였다.
아이들의 목소리를 들으면서 나는 적잖이 놀랐다. 아이들은
자기 삶뿐만 아니라 함께 어울려 살아야 하는 사람들과 우
리가 살아가는 모든 환경에 많은 관심을 두고 있었다.

"시장님이 당선되신 이유는 지역주민과의 소통을 통해 주민들이 겪는 문제를 파악하고 해결해 모든 시민이 행복하게 살아갈 수 있는 도시를 만들고자 하는 마음 때문인듯합니다. 당선되셨을 때는 이런 내용을 실천하고 지역주민들이 더 좋은 도시에서 살 수 있도록 노력할 것이라고 다짐하셨을 것 같은데요, 시장님으로 당선되셨을 때 어떠셨나요?"

아동위원의 질문을 듣고 나는 웃음이 났다. 그것은 질문이라기보다는 의당 시장님이라면 이 정도의 포부와 의지가 있지 않겠나, 하는 기대이자 요구였다. 그 질문에 나는 이렇게 대답했다.

"누가 물어보면 이와 똑같이 대답하겠습니다."

장내에는 또다시 웃음이 터졌다. 그날 아동의회와의 만남은 오래도록 기억에 남았다. 유쾌한 시간이기도 했지만, 시장으로서 교육에 대한 남다른 책임감을 내 마음에 각인하게 된 날이기 때문이다.

세상의 모든 이로움은 교육이라는 씨앗에서 싹튼다.

교육은 백년지대계라고 했다. 이 말은 예나 지금이나 바꿀 수 없는 진리다. 교육은 단편적인 지식의 축적을 넘어 더 높은 단계로의 지적 성장의 과정이다. 교육의 가치는 인류가 가지는 보편적 가치를 기반으로 교육의 목적이 지니는 방향에 따라 설정되며, 교육정책은 교육의 가치에 기반을 둔 합의의 과정이 필요하다. 그러므로 교육정책은 장기적인 전망을 바탕으로 면밀한 분석을 거쳐 신중하고 합리적으로 수립되어야 한다.

　부모는 자신의 결핍으로 자식을 키운다고 한다. 나의 부모는 전후戰後세대로 모든 것이 부족한 시대를 살았다. 능력이 뛰어남에도 교육받지 못한 시대의 결핍은 자식 세대에 들어서 엄청난 교육열을 불러일으켰다. 나보다 더 나은 자식의 미래를 교육에서 찾고자 했다.

　지금은 반대로 결핍이 사라진 시대가 되었다. 그러나 정보는 넘쳐난다. 지금의 아이들은 스마트폰으로 모든 정보를 얻는, 신인류인 '포노 사피엔스'라고도 할 수 있다. 그와 같은 맥락에서 많은 사람들이 코로나19 이후 온라인 전환 교육혁명의 필연성을 이야기하고 있다. 단순히 코로나 감염을 피하기 위한 것은 아니고, 이미 글로벌 IT 기업들에 의해 시스템 전환을 위한 준비가 되어왔기에 그 시기가 조금 앞당겨졌을 뿐이다. 교육뿐만 아니라 재택근무의 필요성도 대두

되면서 점점 우리는 온라인 중심 사회로 순응해가고 있다. 이렇게 찾아온 새로운 기준에 맞춰 우리는 개인과 국가의 성장 및 경쟁력을 좌우하는 교육의 방향성을 다시 찾아야 한다.

공부를 잘한다는 기준은 공부의 목적에 의해 결정된다. 나는 80년대에 학교를 다닌 사람으로, 소위 말하는 모범생은 아니었다. 중학교 2학년이 되어서야 공부의 필요성을 깨닫고, 공부를 시작해 공군사관학교에 입학했다. 당시에는 열심히 공부하는 것 하나만으로도 소위 말하는 명문 대학에 진학할 수 있었다. 많이 벌지 못하셨던 부모님은 내게 공부보다는 밥벌이를 요구하셨지만, 더 나은 삶을 위해선 공부가 더 중요하다고 느꼈다. 교육열이 엄청난 시대임에도 불구하고, 나는 학원 한 번 가지 않고 부모님이 일하는 가게에서 잔심부름을 하면서 성장했다. 그런 환경 속에서도 내가 공군사관학교에 갈 수 있었던 이유는, 개인의 노력만으로 가능한 사회 시스템이 있었기 때문이다.

하지만 지금은 시대가 다르다. 아이들이 집의 생계를 걱정하며 일하고 틈틈이 공부하는 시대가 아니다. 죽어라 공부만 하고도 대학에 진학하기도 힘들고, 원하는 직장을 얻기 힘든 시기이다. 교육이 사회적 불평등을 해소하는 사다리가 되어주기는커녕 사회적 경제적 불평등을 세습하는 역할을 하기도 한다.

90년대 이전에 공부의 목적은, 학교 교육을 통해 원하는 직장을 선택하고 취업을 위한 것이었다. 평생직장을 준비하기 위한 학교에서 알려주는 지식이 대부분이며, 사회에서 배워야 하는 것에 많은 투자를 하지 않아도 되었다. 사회인이 되면 겪는 사회의 경험만으로도 배움은 충분했다.

그러나 90년대 이후, 특히 요즘에는 아이들이 학교에서 가르쳐 주는 것만으로는 부족한 시대가 되었다. 단순히 학교 교육만으로는 원하는 직장을 얻고, 사회인으로 살아가기는 어렵다. 대학생들이 각종 어학시험, 자격증에 청춘을 바치는 모습을 떠올려보자. 본격적인 직장 생활을 시작하기 전부터 사회에서 요구하는 자격을 갖춰야 하고 무리해서라도 경험을 쌓아야 하는 시대이다. 10대 때의 교육은 성인이 된 20대, 30대에 맞지 않는다. 빠르게 변화하는 시대에 맞춰 교육 역시 흐름에 뒤처지지 않도록 빠르게 흘러가는 시대의 흐름에 뒤처지지 않도록 전환에 들어서야 한다.

교육에 대해 다시 생각해 봐야 하는 이유는 무엇일까? 교육을 통해 한 사람 한 사람의 삶이 바로 서면, 결국 사회 전체가 긍정적인 방향으로 달라지기 때문이다. 그것이 바로 교육의 힘이고, 나는 그런 교육의 힘을 믿는 사람 중 한 명이다. "세상의 모든 이로움은 교육이라는 씨앗에서 싹트기 시작한다"라고 자신 있게 말하는 이유이기도 하다. 사람을 사람답게 하고 스스로 생각하고 행동하는 힘을 길러주는 교육을 통해 더 나은 미래를 만들 수 있다고 굳게 믿고 있다.

5년 전 농사를 짓기 위해 화성으로 이사를 왔다는 한 학생을 평생 학습관에서 만난 적이 있다. 말이 좋아 학생이지 실질적으로는 나보다 몇 살 더 많은 나이였다. 학창시절에도 공부와 거리가 멀기도 했고, 농사일이 바빠 밭과 집만 왔다 갔다 하는 특별할 것 없는 일상을 보내던 중 뜻밖의 순간을 만나 시인이 됐다고 했다. 처음에는 어려워서 못할 것 같다고 손사래를 쳤지만, '신세계가 열린다'는 말에 용기를 냈고, 이제 농사와 시를 더불어 짓고 있는 삶에 대해 서슴없이 풀어내는데 그 이야기가 나에게는 '신세계'였다.

그가 농사꾼 시인이 된 건 복지관에서 우연히 만난 주민의 추천으로 시 쓰기 교육을 수강했기 때문이었다. 속마음을 시로 쓰고 사람들 앞에서 낭송하면서 느꼈던 가슴 벅찬 감정은 배움의 끈을 놓지 않게 해주는 힘이 되어주었다고 한다. 한번 그 맛을 보고 나니, 그 즐거움을 더 알고 싶다고 했다. 교육이 하나 끝나고 나면, 마음 맞는 사람들과 또 다른 학습을 이어갔다. 새로운 선생님을 만나 지도를 받을 때마다 쓸 수 있는 표현이 많아졌고, 감정을 글로 옮기는 것이 쉬워졌다. '내가 이런 표현도 쓸 수 있구나' 하는 생각이 들면서 자존감도 높아졌다고 했다. 그러다 마침내 월간지 지면에 글이 실리는 감동의 순간을 맛봤고, 첫 번째 원고료는 손주들 용돈으로 즐겁게 썼다고 했다. 더 많이 배우고 잘 쓰기 위해 최근에는 노트북도 다루게 됐고 줌도 활용하고 있는 듯 했다. 소소한 배움으로 시작한 교육을 통해 자아성찰을 이루었고, 자신의 잠재력을 최대한 발휘하게 된 것은 물론, 자신만의 행복과 인생의 진정한 의미를 깨닫게 된 것이다.

인간의 성장 속에서 교육은 반드시 존재한다. 먹고살기 위해서, 자아실현을 위해서 또는 이타적인 삶을 위해서 교육은 필수 과정이다. 나는 살기 위해 공부를 했다. 사회에서 일을 경험하면서도 배움은 항상 따라왔다. 학교나 기관에서 받는 교육 과정뿐만 아니라 살아가는 생활 속에서 새롭게 느끼는 것들은 언제나 배움은 지속되었다. 지금도 배움에 대한 욕구를 느낀다. 교육은 인생이라는 항해 속에서 지도이자 나침반이다.

나는 거대담론을 논하기보다 교육의 방향성에 대한 고민을 하는 위치에 있다. 정책 결정의 과정에서 새로운 교육, 좀 더 나은 교육에 대해 끊임없이 고민하고 나아갈 방향을 찾아가는 사람이다. 쉽지 않은 여건임에도 불구하고 지금 우리 교육은 땅속에서 움을 틔워 싹을 돋아내고 있다. 모든 시민이 능력을 발휘하며 희망을 꿈꾸는 노력의 과정과 순간들을 글로 담았다.

목차

모든 아이에게
노력할 수 있는 자유를

　나는 운명을 믿는다. 모든 일은 일어나기로 예정되어 있었던 것이니 누구의 잘못도 아니라 생각한다. 그래서 불행한 일이 일어나더라도 언제든 털고 일어날 준비가 되어 있다. 그러나 흔히 생각하는 수동적인 운명론자는 아니다. 내가 말하는 운명론에는 전제가 하나가 더 있다. 우리는 누구도 정해진 운명을 알지 못하고, 그렇기 때문에 희망을 가지고 노력할 수 있는 존재라는 것이다. '95% 운명론자'라고 부르면 적당할 것 같다. 적극적으로 노력하는 것 또한 내 운명이고, 95%의 운명과 5%의 노력이 딱 맞았을 때 타고난 운명도 바뀔 수 있다고 생각한다. 내가 이렇게 확신하는 데에는 그럴만한 이유가 있다.

우리 집은 참 가난했다. 어릴 적 아버지가 유리 가게를 하셨는데 열 식구가 가게의 단칸방에 살았던 때도 있다. 8남매를 키우며 먹고살기 위해 늘 바쁘셨던 부모님은 얼굴 한 번 마주 보고 이야기할 시간조차 별로 없었고, 어쩌다 마주칠 때면 잘못을 나무라거나 혼날 때가 더 많았다. 당장 먹고 살기 힘들었으니 미래를 위해 공부를 해야 한다고 알려주는 사람도 없었다. 당연히 공부를 해야 하는 이유도 몰랐다. 성적표에는 가장 높은 수秀보다 아름다운 미美와 훌륭하다는 양良이 더 많은 학생이었다.

내가 공부에 관심을 갖게 된 이유는 특별하지 않다. 중학교 1학년 수학시간, 선생님의 질문을 우연찮게 맞혔고 생애 첫 칭찬을 받았다. 그렇게 갑자기 공부가 하고 싶어졌다. 외고를 졸업하고 사관학교에 간 것, 그리고 지금 화성시장이 되었으니까 어린 시절부터 공부를 잘했을 것이라고 생각하는 사람들이 많다. 하지만 우연히 답을 맞혀 칭찬을 들었던 그날 전까지 나는 단 한 번도 스스로 공부를 해야겠다고 생각해본 적이 없었다.

내가 나온 대일외고는 우리나라 최초의 외국어고등학교다. 지금이야 명문고 중에 명문고로 이름을 날리고 있지만 내가 입학하던 1985년 설립 당시만 해도 일종의 대안학교 성격을 띤 '각종학교'로 출발했다. 지금처럼 성적이 월등한 학생이 진학하기보다 외국어에 관심이 많은 학생들이 주로 진학했고, 학생 간 학력 편차도 컸다. 그랬기 때문에 나처럼 없는 집 학생이 있는 집 돈으로 공부하기에는 더없이 좋은 학교였다. 장학금이 아니고는 공부할 수 있는 형편이 못 되었으니 장학금을 받아야 한다는 생각으로 공부했고, 정말 최선을 다했다.

공군사관학교를 가기로 결정한 것도 경제적인 이유가 가장 컸다. 모두가 살기 어렵던 시절이었지만 그 당시 우리 집은 서울에 있는 대학을 합격해도 등록금이 없어서 갈 수 없는 상황이었다. 그래서 다른 건 차치하고 공부하는 데 비용이 들지 않는다는 점만으로 사관학교에 가야 할 이유는 충분했다. 사관학교는 장학 혜택이 많았다. 게다가 졸업 후 안정적인 취업이 보장되어 있었고 군 제대 후에는 상당한 대우를 받으며 취업하는 것도 가능해 보였다. 고민할 것도 없이 사관학교에 지원했다.

예상했던 대로 사관학교는 보물창고 같았다. 기본적으로 학비는 물론 생활비를 지급받을 수 있었고 여기저기 찾아보면 성적에 따라 해외 견학이나 교육을 다녀오는 것도 가능했다. 공부 외에도 자기계발을 위한 지원을 무한대로 받을 수 있었기 때문에 안정적인 환경에서 그저 학업에만 집중하면 됐다.

공자는 논어 '계씨'편 제9장에서 사람의 재능을 4단계로 설명한다. 최고 단계는 생이지지^{生而知之}, 태어나면서부터 남다른 지능을 가지고 태어나는 사람, 그다음은 학이지지^{學而知之}, 배움을 통해 지적 능력을 배양해가는 사람, 학습과 연마를 통해 자신의 역량을 키워나가는 노력형 인재이다. 다음으로 곤이학지^{困而學之}, 평소에는 배움이 필요한지 모르다가 곤경에 처한 다음에야 배우는 사람, 머리는 좋지 않으나 부족해서 열심히 노력하고 반복해서 배우는 사람이다. 마지막은 곤이불학^{困而不學}, 배움이 필요함에도 불구하고 배우지 않는 사람을 최하의 사람으로 여겼다.

공자의 분류대로라면 나는 두 번째 단계, 배워서 아는 사람이다. 배우지 않으면 스스로 못 배기고, 늘 배우고 실천해 세상을 바꾸고자 하는 창의적인 사람이다. 목표에 다다르는 데 95% 운명의 힘이 필요했다면, 나머지를 채울 수 있었던 한발 한발 걸어온 것은 모두 내 의지였고 노력이었다. 노력하지 않아서 장학금을 받지 못했거나 중도에 포기해 사관학교에 가지 못했다면 화성시장이 될 95%의 운명조차 아무것도 아닌 것이 되었을 것이다.

문제는 노력하면 다 된다고 말하기 어려운 시대가 됐다는 점이다. 국민소득 3만 달러 시대가 되었다고 한다. 하지만 오히려 소득양극화 심화로 인해 아무리 노력해도 자신의 처지를 바꾸기 어렵다고 생각하는 사람들이 늘고 있다. 2018년 통계청 자료에 따르면 자녀 세대의 계층상승 가능성이 '낮다'고 응답한 비율은 54.5%로 2013년 때의 43.7% 보다 약 11% 늘었다. "개천에서 용 난다"라는 말은 이제 먼 옛날이야기처럼 느껴지기까지 한다.

　그도 그럴 것이, 계층의 사다리가 사라졌다. 같은 학교, 같은 학과의 대학생 두 명을 예로 들어보자. 한 학생은 등록금 낼 형편이 못 돼서 밤늦도록 편의점, 호프집 아르바이트를 해야 한다. 아르바이트로 번 돈으로 등록금은 고사하고 월세며 책값 등 생활비를 충당하기도 빠듯하다. 공부에 집중하기 어려운 상황이니 장학금을 받기 어려워지고, 부족한 등록금을 메우기 위해 다시 아르바이트를 찾아 다니느라 공부할 시간을 놓쳐 그 다음 번 장학금도 놓치게 되는 악순환에 빠져 허덕인다. 다른 학생은 경제적으로 여유 있는 가정환경 덕분에 등록금은 물론, 매달 용돈도 지원받으며 대학생활을 한다. 자기소개서에는 해외여행, 봉사활동 등 취업에 유리한 기록으로 가득하다. 온전히 공부에만 열중할 수 있는 만큼 성적을 잘 받아 장학금도 받는다. 정작 장학금이 필요한 건

집안 형편이 어려운 학생들인데도 말이다. 교육이 사회적 불평등을 해소하는 사다리가 되어주기는커녕 사회적 경제적 불평등을 세습하는 역할만 하고 있는 것이다.

좀 더 가슴 아픈 예도 있다. 자기 방은 물론 책상조차 없을만큼 좁은 집에서 온 가족이 몸을 웅크려 살고 있는 아이가 있는 반면, 에어컨을 틀 수 있는 자기 방을 가지고 있는 아이도 있다. 두 아이는 과연 공정한 경쟁이 가능할까? 절대 불가능하다. 먹고 자는 것, 기본적인 조건조차 공평하지 않은 상태에서 아이에게 "왜 더 노력하지 않았느냐"라고 묻거나 긍정과 낙관으로 "더 노력하면 꿈을 이룰 수 있다"라고 말하는 것은 너무나 가혹하다.

가정환경에 따른 격차를 해소하고 공정한 경쟁 이전에 '동등한 노력'이 가능한 구조를 만들어 주는 것이야말로 시가 반드시 해야 할 일이라고 생각했다. 그래서 시장이 된 후 곧바로 지역아동센터 시립화를 역점 사업으로 추진하기 시작했다. 모든 아이들의 기본적인 권리 보장과 사각지대 아동 발굴을 목표로 2018년 12월 운영계획을 수립해 약 1년 5개월이 지난 2019년 5월 나래울센터와 남부센터가 개소했다. 이전에도 민간에서 운영하는 지역아동센터가 있었지만 32개소에 불과해 전체 저소득가구 아동의 돌봄을 모두 책임지기 어려운 상황이었던 만큼, 중심지를 기준으로 시립 센터를 균등하게 배치하여 그 인근 지역 아동이 안전, 학습권 등 최소한의 기본적인 권리를 누릴 수 있도록 했다. 현재는 봉담센터, 서부센터, 남양센터 등 5개소가 거점별로 운영 중이며 앞으로도 화성시 전역에 센터 설치를 늘릴 계획이다.

화성시 시립아동청소년센터는 돌봄 사각지대에 놓인 청소년 전문 돌봄센터다. 기존의 지역아동센터가 초등학생 위주로 지원했던 것과 달리 중·고등학생을 지원하는 것이 특징이다. 취약계층 청소년은 물론 돌봄이 필요한 모든 아동청소년에게 서비스를 제공하는 보편적 복지를 지향한다. 돌봄이 공적인 과제라는 관점에서 생활안전지원은 물론, 화성시 소재 기업, 시 산하기관 등과 함께 다양한 교육·문화·정서 활동을 지원한다. 또한 개별 맞춤형 통합 사례 관리를 통해 개인별 욕구와 여건에 맞는 맞춤형 통합 서비스를 제공하고 있으며, 읍면동 맞춤형 복지팀, 드림스타트, 지역아동센터와 연계해 지역 내 취약 청소년을 발굴함으로써 복지사각지대 해소에도 기여하고 있다. 아동청소년 복지 분야에서 '화성형 돌봄시스템'의 새로운 모델인 것이다.

시립아동청소년센터에는 내가 살아온 경험들이 반영되어 있다. 새벽과 늦은 밤 학교를 오가는 전철 안에서 공부했던 기억, 진로와 학업에 대해 의논할 대상이나 도움을 요청할 대상이 없어 난감했던 상황, 그리고 지금의 나를 있게 한 어

시립아동청소년센터에서는 다양한 활동을 할 수 있다

느 누군가의 도움 등 내가 직접 겪었던 감정들이 시립아동
청소년센터 계획의 밑바탕이 됐다. 2021년 1월 발간된 시립
아동청소년센터 2주년 성과집 「청춘동행」에서 아이들은 아
동청소년센터를 '든든하고 편안한 버팀목'이자 '내가 하고
싶은 것을 할 수 있는 선물 같은 곳', '나무처럼 든든한 기둥
이며 힘든 것을 가려주는 그늘'이라고 표현했다. 이보다 좋
은 평가가 어디 있을까. 센터를 이용하는 아이들이 즐거워
하고 서로의 존재만으로 안정감을 느낀다면 그것으로 충분
하다.

공부를 해야 나아질 수 있는데 공부할 수 있는 환경이 못 돼서 포기해야 했다면, 그것만큼 아이러니한 일은 없을 것이다. 꼭 어른들이 원하는 공부가 아니어도 좋다. 모든 청소년들에게 꿈을 위해 노력할 수 있는 자유를 주고 싶다. 그리고 꿈을 이루고자 하는 용기만 있다면 모든 꿈을 이룰 수 있다는 확고한 믿음을 갖기를 바란다. 그들이 꿈을 향해 달려가는 과정이 공정하고 즐거우며 행복할 수 있는 세상, 경제적 불평등이 교육을 통해 세습되지 않는 사회를 만드는 것은 우리 어른들의 몫이다.

경험으로 자라는
아이들

　도스토예프스키의 『카라마조프의 형제들』에는 경험에 대한 좋은 구절이 나온다. "좋은 추억, 특히 어린 시절 가족 간의 아름다운 추억만큼 귀하고 강력하며 아이의 앞날에 유익한 것은 없다는 사실을 명심하라. 사람들은 교육에 대해 많은 것을 말한다. 그러나 어린 시절부터 간직한 아름답고 신성한 추억만한 교육은 없을 것이다. 마음속에 아름다운 추억이 하나라도 남아 있는 사람은 악에 빠지지 않을 수 있다. 그리고 그런 추억들을 많이 가지고 인생을 살아간다면 그 사람은 삶이 끝나는 날까지 안전할 것이다." 행복한 아이로 키우는 데 있어서 내가 가장 중요하게 생각하는 것이 경험인데, 나의 신념과 같은 구절이라 책의 내용이 마음에 더 깊게 와 닿는다.

한 사람의 인생에 있어 무의식과 경험의 중요성을 강하게 인식하게 된 것은 내 어린 시절 기억 때문이다. 내가 떠올릴 수 있는 가장 오래된 기억은 1971년 내 동생이 태어나던 날이다. 그날 어머니는 작은 방에서 동생을 낳으셨는데 그 반대편에 웅크리고 앉아있던 게 눈에 훤하다. 탯줄을 자르고 방바닥을 닦던 모습, 누나들을 방으로 들어오라고 부르는 소리 하나하나 생생하다. 이 생생한 장면이 떠오른 것은 그리 오래되지 않았다. 마흔이 훨씬 지난 시점에서야 갑자기 그때의 기억이 떠오른 이유는 무엇일까.

기억이 떠올랐던 그 무렵, 어머니의 건강이 나빠지기 시작하셨고 그때부터 나는 어머니에 대한 마음, 가족의 소중함에 대해 계속 생각하고 있었다. 그 이전까지 어머니와 다투기도 많이 다투었고 화해도 잘했는데, 한 번도 그 기억이 떠오른 적 없었다. 여러 상황들을 고려해 보면 어머니의 병환이 내 무의식을 자극했을 것이라고 생각한다. 생애 첫 기억은 자기중심적으로 과장하거나 삭제하고, 축소, 왜곡되었을 확률이 높기 때문에 사실과 다를 수 있다고 한다. 그럼에도 불구하고 50년이 지난 지금까지 머릿속에 남아 있는 이유는 그 경험이 나에게 중요했고 당시 느꼈던 감정과 지금 어머니에 대한 느낌이 맞닿아 있기 때문일 것이다.

경험, 특히 어린 시절의 경험이 중요하다고 생각하는 것도 이런 이유에서다. 어른이 돼서 기억하지 못할지라도 어린 시절의 다양한 경험은 무의식 저편에 차곡차곡 쌓여 의식 중의 사고와 감정, 행동에 영향을 미친다. 그래서 적어도 일주일에 한 번은 손녀들과 시간을 보내기 위해 노력하고 있다. 실내외 어디든 나가 직접 보고, 듣고, 만지며 정보를 얻고 세상을 배우기를 바라는 마음에서 체험학습을 많이 다닌다. 할아버지와 놀면서 갯벌 진흙에 다리가 푹 빠졌던 것, 물놀이를 하다 물을 먹었던 것, 어느 것이든 언젠가 무의식 중에 툭툭 튀어나와 삶에 유용하게 쓰일 것이라고 믿는다.

내 어린 시절 경험을 떠올려보면 유난히 흙과 모래에서 뛰어놀았던 기억이 많다. 집에 들어가면 운동화며 옷 주머니마다 모래가 한 움큼씩 나와 엄청 혼이 나기도 했다. 그런데 요즘 손녀들과 놀러 놀이터에 나가보면 하나같이 고무나 우레탄으로 포장된 놀이터뿐이다. 부모들도 매트가 깔린 놀이터가 더 안전하다고 생각하는 경우가 많다. 색깔이 예쁘고 관리하기야 더 쉽겠지만, 모래성을 만들며 흙으로 소꿉놀이를 할 수 없게 된 아이들이 어쩐지 불쌍하고 안타깝다.

우리에게는 다소 생소하지만 유럽과 호주에는 '놀이터 디자이너'라는 직업이 있다. 천편일률적으로 똑같이 생긴 놀이터가 아니라 아이들의 관점에서 독특하고 새로운 놀이터를 디자인하는 직업인데, 이들이 디자인한 놀이터들을 보면 얼마나 새로운지 작품이 따로 없다. 호주의 한 놀이터, 포드 플레이 그라운드POD playground는 참나무 숲과 뱅크셔 나무 열매 등 수목원에 실제로 있는 자연물에서 영감 받아 만들어졌다. 어른보다 훨씬 큰 도토리와 나무 열매 형태의 구조물에 번개 소리가 나는 패널, 빗소리가 들리는 튜브 관, 바람을 소리로 느낄 수 있는 풍경이 설치되어 있으며, 그물 다리에서는 놀이터 주변의 광활한 자연과 마주할 수 있다. 주변 환경에 대한 해석에 따라 놀이터가 자연을 배울 수 있는 색다른 장소가 될 수 있음을 보여주는 사례다. 미국의 '프리플레이Free Play'에는 흔한 미끄럼틀과 그네 하나 없다. 대신 파란색 큐브에 동그란 구멍이 여기저기 뚫린 설치물 '더 메이즈The Maze'와 허허벌판에 옥수수 줄기를 닮은 2m 높이의 튜브가 여러 개 꽂혀있는 '콘 필드The Corn Field'가 있다. 이 정체불명의 구조물에서 아이들은 '어떻게 놀아야 할지'부터 시작해 여러 고민을 하면서 사고력과 창의력을 기를 수 있다.

위 사례만 보더라도 외국은 위험을 경험하는 것에 대한 인식이 우리와 사뭇 다르다. 이들의 놀이터가 아이들 스스로 위험을 감당하도록 만들어져 있는데 비해, 우리의 놀이터는 안전하기만 할 뿐 아이들의 눈으로 보면 매력적인 공간이 아니다. 모험심을 자극할 난이도 있는 기구는커녕 아이들이 서로 모여서 놀이를 계획하고 쉴 수 있는 전용 공간조차 없다. 놀이터에 놀이기구만 채워 넣어 아이들은 놀이터에서 계속 기구 활동을 해야 하는 셈이다.

그렇다고 해서 유럽보다 한국의 놀이터에서 안전사고가 덜 나는 것도 아니다. 실제로 놀이터 중 가장 위험하다고 알려진 유럽 놀이터의 안전사고율은 1.76%로 한국이 7%, 미국은 3.56%인데 비해 훨씬 안전하게 이용하고 있다. 안전을 강조하다 보니 위험을 감당할 수 있는 연습이 되어 있지 않아 조금만 위험해져도 사고로 이어지는 것이다. 다소 극단적인 예이기는 하지만 어린아이들이 걸음마를 배우는 과정을 생각해 보자. 첫 걸음마를 떼서 걷기까지 수없이 넘어지는데 아이가 넘어졌을 때 큰 상처가 나지 않도록 해주는 것이 중요하지 그 과정이 위험하다고 시도조차 못하게 한다면, 아이는 절대 걷는 법을 배울 수 없다.

그럼에도 불구하고 놀이터에 관한 민원은 "위험하지 않지만 놀이터를 좀 더 안전하게 할 수 없을까요?"라는 식이 대부분이다. 그렇게 아이들이 창의력이 있기를 바라면서 "놀이터에서 아이들이 창의력을 키울 수 없는데 개선해 주세요"

라는 민원을 받은 적은 단 한 번도 없다. 아이들의 공간인 놀이터를 어른들의 눈으로만 보고 있는 것이다. 실제로 아이들이 놀고 있는 모습을 보면 그렇게 위험할 것도 없는데 말이다. 우리 주변에서 가장 많이 볼 수 있는 놀이터의 형태는 대부분 매우 안전한 상태다. 또한 아이들은 스스로 경험하면서 위험을 구별할 만한 판단 능력이 있다. 미끄럼틀에 너무 높이 올라갔다 싶으면 스스로 내려오고, 그네에서 균형을 잃으면 손을 더 꽉 쥐고 붙잡아 떨어지지 않는 법을 배운다. '높은 곳에 올라가지 마라, 넘어지지 마라, 손대지 마라' 하는 것은 어른들의 기우에 불과하다.

화성시가 어린이 놀이터에 많은 관심을 쏟고 있는 것은 무엇보다 놀이터가 무한한 상상과 경험을 가능하게 하는 공간이기 때문이다. 그래서 기존의 획일적 놀이터에서 벗어나 창의력과 감수성을 키울 수 있는 놀이 공간 조성에 힘을 쏟고 있으며 화성시에는 29개의 크고 작은 도전형 놀이터가 있다.

그중 독재울근린공원에 조성된 창의생태놀이터는 흙놀이, 우드칩, 모래 등을 자연물을 이용한 놀이 공간 및 그물망 오르기, 출렁다리 건너기 등 12종의 놀이시설로 다양한 체험이 가능한 친환경 놀이터이다. 놀이터 기본계획 단계부터 아이들이 설계에 참여해 꿈꾸던 놀이터를 현실화했다는 평가를 받았으며, 지형을 최대한 활용한 리모델링으로 놀이문화 트렌드를 반영했다. 어린이집 및 초등학교와 연계한 숲체험 프로그램은 자연과의 교감을 통해 아이들의 정서를 높일 수 있는 도심 속 그린 인프라를 제공한 사례로 꼽히며, 경기도 주관 '2019년 경기아이누리놀이터 우수사례' 공모에서 최우수상을 수상하기도 했다.

미세먼지와 눈·비 등 기후변화에도 자유롭게 뛰어놀 수 있는 실내놀이터도 확대하고 있다. 화성시 공공형 실내놀이터인 'i 신나놀이터'는 5~7세 아동이 모험심, 문제해결력을 기를 수 있도록 즐거운 위험감수 놀이를 제공하는 공공형

i 신나놀이터의 암벽 클라이밍

실내놀이터다. 이곳에서 어른은 아이들 스스로 하고 싶은 놀이를 마음껏 할 수 있도록 돕는 조력자이자 아이들이 미처 인식하지 못한 위험을 안내하는 안내자로서의 역할만 하도록 한 것이 특징이다. 액티비티존, 익사이팅존, 어뮤즈먼트존 등 5개 놀이 영역에 6개 놀이시설이 조성되어 있다. 다른 놀이터의 슬라이드에 비해 기울기가 크고 휘어짐이 있는 '스틸 슬라이드', 상하좌우로 흔들림이 있는 '조합놀이', 다소 복잡한 '미로놀이' 등 아이들의 모험심과 자신감, 자아존중감을 향상시킬 수 있는 시설이 조성되어 있어 아이들이 훨씬 더 재밌어한다.

놀이시설 하나하나 살펴보면 각각의 의미가 보인다. 골판지로 만들어진 '미로놀이'는 아동 스스로 복잡한 길을 찾아 도달하는 과정에서 탐색과 도전을 경험하고 시행착오를 통해 문제해결력을 키워갈 수 있다. 실패와 재도전을 허용하고 충분한 시간을 주어 스스로 활동을 주도할 수 있게 함으로써 자율성과 주도성도 향상된다. 여기에 미로 곳곳에 놀이거리를 숨겨두어 다양한 재미를 함께 느낄 수 있게 만들었으니 좋아하지 않을 수 없다. '모래놀이'는 모래를 이용해 자유롭게 상상한 것을 표현하고 자신만의 구조물을 완성해 가며 성취감과 만족감을 느낄 수 있다. 또한 또래와 함께하며 협동하는 마음을 키우고 서로의 의견을 존중하는 법을 배우게 된다. 모래놀이는 다른 시설보다 안전한 위생환경이 특히 더 중요한 만큼 정기적으로 모래를 소독하는 등 위생관리에 만전을 기하고 있다. '스틸 슬라이드'와 '그물 오르기'도 기존과는 차별화된 놀이시설이다. 다양한 활강 각도와 회전반경, 긴 구조에서 느끼는 위험에 스스로 도전할 수 있게 하는 것이 가장 큰 특징이다. 다른 놀이터의 슬라이드에 비해 월등히 기울기가 크고 휘어짐이 있는데 이걸 이용하면서 신나하는 아이들의 모습은 볼 때마다 신기하고 기특하다.

　나도 손녀와 함께 'i 신나놀이터'를 이용할 때가 많다. 우리 손녀는 그중에서도 '암벽 클라이밍'을 가장 좋아하는데 처음 간 날에는 떨어지는 것이 두려워해 한 발짝도 떼지 않았다. 몇 번 떨어지고 나서 떨어지는 데 익숙해진 나서는 누가 시키지 않아도 조금씩 더 높이 올라가려고 했다. 스스로 목표를 설정하고 꼭대기까지 올라가려고 도전하는 모습을 보면서 경험을 통해 아이가 얼마나 성장할 수 있는지 새삼 느낀다. 아이들은 암벽 클아이밍을 하면서 진행방향을 살피고 가능한 만큼 움직여보기도 한다. 이 때 아이들의 공간지각능력과 신체조절능력이 향상된다. 또한 보이지 않는 암벽 홀드를 찾아 밟고 올라가는 활동은 인내심과 집중력을 키우는 데도 도움이 된다.

위험을 무릎 쓰고 행동하려고 하는 마음 '모험심'과 실패를 두려워하지 않는 '도전정신'이 없다면 얻을 수 있는 것이 없다. 기존의 방식에서 벗어나 새로운 것을 사고할 수 있는 '창의력'도 요즘 시대에 없어서는 안 될 중요한 부분이다. 아이들은 경험을 통해 모험심, 창의력, 도전정신을 키워나간다. 따라서 경험은 추억 그 이상이 가치가 있고, 새롭고 다양한 경험을 할수록 아이는 행복하게 자랄 수 있다. 때론 위험하고 무모해 보일지라도, 모르는 척 해줄 수 있는 용기가 필요하다.

져도 괜찮아.
넘어지면 어때

모든 게임에는 승자와 패자가 있다. 아주 작고 하찮은 게임일지라도 승부의 세계는 냉정하기에, 이기는 사람이 있으면 지는 사람이 있기 마련이다. 그러나 우리는 어떤 상황에서든 패배는 용납할 수 없는 것처럼 여기며, 이기기 위한 연습을 할 뿐 지는 연습을 하지 않는다. 심지어 작은 뒷걸음질조차 해서는 안 될 것으로 생각한다. 그러다 막상 패배를 겪고 나면, 지는 연습해 본 적이 없으니 작은 실수 하나도 크게 넘어지고 쉽게 좌절하게 된다. 살면서 한 번도 넘어지지 않는 사람은 없는데도 말이다.

발명왕으로 유명한 토마스 에디슨은 1,093개의 특허를 내기까지 수천, 수만 번의 실패를 거듭했다. 제2차 세계대전을 승리로 이끈 영국의 수상 윈스턴 처칠 역시 팔삭둥이에 공부를 못해 학교를 3년이나 유급했었고, 농구 황제 마이클 조던은 선수생활을 하는 동안 경기장에서 슛을 9,000번 이상 실패했다. 애플의 전 CEO이자 공동창업자 스티브 잡스는 30살에 자신이 설립한 회사에서 잔인하게 버림받아 극심한 우울증에 시달렸다. 그럼에도 불구하고 이들이 성공할 수 있었던 것은 실패를 두려워하지 않고 끊임없이 도전했기 때문이다.

지는 연습은 넘어졌을 때 다시 일어나는 연습처럼 같아서 인생을 살아가면서 꼭 해봐야 하는 것이다. 우리는 흔히 인생을 높은 산을 오르는 과정에 비유하곤 한다. 산의 오르막길을 오르는 동안에는 힘이 들고 숨이 차 포기하고 싶을 때가 있다. 긴 오르막이 있으면 그만큼 낭떠러지도 있어 무조건 높이 올라가기만 하면 위험에 처하기도 한다. 또 당장 위로 오르는 것보다 빙 둘러서 우회하거나 왔던 길을 되돌아가야 할 때도 있다. 같은 이치로 우리 인생도 수많은 실패와 좌절, 즉 지는 과정을 거치면서 더 높이, 더 멀리 나아갈 수 있는 것이다.

프랑스의 임상심리학자 디디에 플뢰Didier Pleux는 아이를 행

아이들이 즐길 거리가 가득한 어린이 문화센터

복하게 하는 가장 좋은 방법은 적당한 좌절을 주는 것이라
고 한다. 아이도 분노, 짜증, 실망감 같은 부정적인 감정을
느끼고 실패도 경험해 봐야 한다는 것이다. 좌절을 경험해
보아야 세상에는 즐거움, 기쁨, 행복만 있는 것이 아니라는
것을 알게 되고, 언제나 내 뜻대로만 되지 않는다는 사실을
받아들일 수 있게 된다.

그런 의미에서 간단하고 재밌는 보드게임은 지는 연습을
하기에 아주 좋은 아이템이다. 우리 가족은 아들이 어릴 때
부터 보드게임을 시작했다. 처음에 아들은 단 한 번의 게임

을 지는 것도 못 견뎌했다. 씩씩거리며 화를 내기도 했고 지고 싶지 않아서 자신이 이기지 않는 게임은 두 번 다시 하지 않으려고 했다. 하지만 시간이 지나면서 아들은 게임에서 졌어도 바로 포기하지 않는다면 다시 한 번 도전할 수 있는 기회가 있다는 것을 알게 됐다. 그리고 다시 도전했을 때는, 전보다 더 좋은 결과가 있을 수 있다는 것도 배웠다. 보드게임을 통해 좌절감을 극복하는 것을 배운 동시에 이겼을 때의 성취감을 경험하게 됨으로써 도전의 가치와 노력의 중요성을 알게 된 것이다.

우리 가족이 했던 여러 보드게임 중 하나를 소개하자면 '루미큐브'를 빼놓을 수 없다. 루미큐브는 보드게임의 고전이자 보드게임을 즐기고자 하는 이들이 반드시 한 번은 해보게 되는 필수 관문이다. 루미큐브는 1930년대 초 이스라엘의 에프라임 헤르차노가 그냥 가족들과 놀기 위해 한 세트를 직접 손으로 깎아 만들어 시작되었다고 하니, 가족과 함께 즐기기에 그 의미도 좋다. 모노폴리와 스크램블에 이어 전 세계에서 세 번째로 많이 팔리는 만큼, 3년에 한 번씩 국제 대회인 '월드루미큐브챔피언십[WRC]'이 열리기도 한다. 온 가족이 치열한 승부를 벌이다 보면 어느 날 세계 챔피언의 자리에 오를지도 모를 일이다.

루미큐브의 룰은 간단하다. 마작처럼 보이는 숫자 타일을 뒤집어 골고루 섞고 각자 14개를 무작위로 골라서 시작하면 되는데, 카드에는 1부터 13까지의 숫자가 빨강, 노랑, 파랑, 검정색으로 적혀 있다. 가장 중요한 승리의 조건은 바로 카드를 모두 소진하는 것이다. 카드는 한 번에 3개 이상을 내야 하며, 같은 색이면서 연속된 숫자 3개 이상, 다른 색이면서 같은 숫자 3개 이상일 때만 카드를 낼 수 있다. 숫자나 색깔 중에 하나만 같아야 내려놓을 수 있다고 보면 된다. 루미큐브 게임방법은 유튜브에 검색하면 잘하는 방법까지 줄줄이 나오니 흥미가 생긴 이들은 찾아보길 바란다.

루미큐브는 이기고 지는 것을 배우는 동시에 가족 간의 유대감을 돈독하게 하고 교육적 효과도 뛰어나다. 다양한 숫자 조합으로 문제해결능력과 수리력, 논리력을 기를 수 있고, 무엇보다 차례가 오면 뭐가 됐든 무조건 퍼즐을 내려놓아야 한다는 점에서 결정력을 학습할 수 있게 된다.

실패를 두려워하지 않는 도전정신은 혁신과 성장의 가장 중요한 원동력이다. 21세기를 이끌고 있는 미국의 빠른 경제 성장과 회복 또한 실리콘밸리의 도전하는 젊은이들이 있었기에 가능한 일이었다. 매년 수천 개의 스타트업이 탄생하는 미국 샌프란시스코에서는 실패 경험을 공유하는 '페일콘FailCon'이 열린다. 실패fail과 콘퍼런스conference를 합성한 의미인

페일콘은 창업가와 투자자 등 스타트업 관계자들이 실패 경험을 공유하기 위해 만들어진 자리로, 실패의 경험을 공유하며 그것을 다시 도전하는 힘으로 탈바꿈한다.

'실패도 훌륭한 경험이다'라는 말은 항상 있어왔지만, 이 경험을 접할 수 있는 기회는 점점 줄어들고 있다. 특히, 요즘은 예전에 비해 사회가 발전하고 물질적으로도 여유로워 결핍과 좌절을 경험하는 일이 드물다. 대부분 자녀가 한두 명뿐이라 원하는 것은 다 들어주고, 갖고 싶은 것은 웬만하면 손에 쥐여주는 분위기다.

우리 집만 해도 가장 좋은 음식은 아이 입으로 먼저 들어간다. 아들네만 가 봐도 거실은 으레 아이 장난감이 차지하고 있다. 이렇게 언제든 원하는 걸 얻고 세상이 자신을 중심으로 돌아가다 보니 아이들은 부족함을 느낄 틈이 없다. 요즘 아이들이 거절에 익숙하지 못한 것, 안 된다는 말 한마디에 쉽게 눈물을 보이고, 작은 좌절도 견디지 못하는 것은 어찌 보면 당연한 결과다. 부족함도 경험하고 적당한 좌절과 시련도 겪어봐야 여물어지게 마련인데 애초에 그럴 기회가 별로 없으니 가벼운 꾸짖음에도 쉽게 상처받고 감정 조절을 하지 못한다.

아이를 키우면서 흔히 겪는 고충 중 하나가 '밥 안 먹는 아이 밥 먹이기'이다. 많은 부모들이 아이가 밥을 안 먹어서 걱정이라고 호소하는데, 그때면 으레 농담 삼아 하는 말이 있다.

"먹기 싫다고 하면 일단 굶겨라."

몸이 아픈 게 아닌 이상 배가 고파지면 아이는 알아서 숟가락을 들 것이고, 목이 마르면 물을 마실 것이다. 숟가락 들고 따라다니면서 밥을 떠먹이는 일은 불안한 부모의 마음에 위로가 될 뿐이지 아이의 다른 생활태도에도 좋지 않은 영향을 끼친다.

모든 것이 갖춰진 환경에 놓인 아이에게는 스스로 해보고 싶다는 욕구가 생기지 않는다. 즉, 물질적인 풍요가 아이를 수동적으로 만든다는 것이다. 동기부여가 없는데 뭔가를 하려는 마음이 들기는 어렵다. 이것이 바로 적절한 좌절과 결핍이 필요한 이유다. 살면서 우리는 수많은 시행착오를 겪는다. 오랜 시간을 들여서 준비해온 일이 실패로 끝나거나 열심히 공부했지만 시험에서 좋지 않은 결과를 얻을 때도 있다. 수없이 많은 좌절을 경험하면서 아이는 스스로 다시 일어서는 법을 배운다. 아이가 좌절을 통해 단단해질 수 있도록 믿고 기다리며 격려해주자.

세상은 학교에서
배우는 게 아니야

시간이 오래 지났지만 아들과 머문 뉴질랜드의 따뜻하고 친절했던 사람들, 경이로운 자연경관, 맛있는 음식들이 아직도 눈에 선하다. 특히 우리 부자가 경험한 뉴질랜드의 교육은 내 기억에 진하게 남아 지금도 많은 영감을 주고 있고, 그중 하나가 '생존수영'이다.

뉴질랜드의 수영교육은 우리와 사뭇 다르다. 발차기로 시작해 정확한 자세와 영법 위주로 배우는 우리나라와 달리 수영장 안전 수칙을 기반으로 생존을 위한 수영을 배운다. 경쟁을 위한 전문적인 기술을 배우거나 체력을 기르기 위한

것이 아니라 갑작스러운 해상 사고를 당했을 때, 구조될 때까지 버틸 수 있는 능력을 키우기 위한 것이다.

구체적인 수업내용부터 큰 차이가 있다. 뉴질랜드의 아이들은 초등학교 전 학년에 걸쳐 수영을 배우는데, 우리와 학제가 다른 것을 고려하면 평균 6~7세부터 수영교육을 시작하는 셈이다. 6세의 아이라도 수업을 시작한 지 2주면 물 위에 떠서 자유롭게 놀 수 있는 수준이 된다. 자체적으로 수영장을 가지고 있는 학교도 많지만 대부분 호수나 강에서 수영 교육을 실시한다. 카약이나 패들 보드를 이용해 안전하고 친숙하게 물에서 살아남는 법을 배운다. 학교 수영장에서는 겨울을 제외한 모든 계절에 수영을 할 수 있다.

학년이 높은 아이들의 수업에서는 그물망처럼 생긴 장치를 물속에 넣은 다음, 아이들이 잠수해 통과해 지나가는 훈련을 한다. 그 길이가 3~4미터 정도나 된다. 중간에 일어나서 나와도 되고 할 수 있다면 끝까지 해도 된다. 자신이 할 수 있는 만큼 실제 상황처럼 최선을 다하는 것이 중요하다. 이런 수영 교육을 받아서인지 뉴질랜드에는 어딜 가도 물을 무서워하는 아이들이 없다. 정확한 명칭과 영법을 모르지만, 아이들은 2미터 이상 깊은 물에서도 즐겁게 물놀이를 한다.

일본과 네덜란드, 프랑스, 독일 등 다른 나라에서도 평소 입던 옷과 신발을 신고 수영을 배우는 모습이 이미 오래전부터 익숙하다. 옷을 입은 채로 일정한 거리를 수영하거나 물에서 오래 버텨야 하는 테스트도 통과해야 한다.

학교 수영수업을 통해 다이빙, 잠수, 구조 능력을 기르는 것이다. 독일은 초등학교 2~3학년 때부터 생존을 위한 수영 교육을 실시하고 있다. 보통 일주일에 2시간 정도 시행하는데 특별한 경우를 제외하고는 10시간 정도의 수업이 진행되면 90% 이상의 아이들이 수영을 할 수 있게 된다고 한다. 이때 중요한 건 '개구리헤엄'이다. 머리를 물 밖에 내놓고 가슴의 부력을 이용해 물에 뜨면서 손발을 움직여 서서히 이동하는 것으로, 이 방법이 가장 적은 에너지로 가장 오랫동안 물에서 버틸 수 있는 방법이라고 한다.

물론 우리나라도 2014년 세월호 참사 이후 '생존수영'이라는 이름으로 수영교육을 강화하고 있다. 2019년 교육부가 발표한 '초등학교 생존수영 매뉴얼'에 따르면 우리 초등학교 수영교육의 중요한 목표 또한 수상안전 사고에 대한 대처 능력 함양이다. 생존수영은 자신의 생명을 지키기 위한 생존기능, 수영 능력을 향상하기 위한 수영기능, 수상 활동 시 다른 사람을 돕기 위한 구조기능 등 크게 세 가지로 나뉘며, 1~2학년 때는 물에 적응하기 위한 물놀이 위주의 수업을 받고 3~4학년이 되면 본격적으로 생존수영의 기초를 배운다. 이를 통해 자기 생명 보호 능력과 물에 대한 적응력을 높일 뿐만 아니라 아이들의 건강 유지 및 증진, 기초 체력 향상에도 도움이 되고 있다.

화성시는 관내 초등학교 3~4학년 학생을 대상으로 수영장 이용료, 강사료, 차량 임차비 등을 지원하고 있다. 3학년 1학기 동안 학교체육진흥회 및 EBS 홈페이지 생존수영 교안을 활용한 이론 및 실내 체험수업을 5차시 이상 진행한 후 3학년 2학기에 실기수업 5차시 이상, 4학년 2학기에 실기수업 6차시 이상을 진행한다. 관내 7개의 공공 수영장과 12개의 사설 수영장을 활용하고 있으며, 학교에서 수영장까지 거리가 멀어 이용에 불편을 겪는 학교의 경우, 학교 운동장에 이동식 수영장을 설치하는 방안도 추진 중이다.

　한 가지 아쉬운 점이 있다면 아직까지 우리나라에서는 해외 사례와 달리 생존 수영 교육 장소가 오직 수영장으로 제한되어 있다는 것이다. 수상에서 일어나는 안전사고를 예방하고 사고 대처 능력을 키우기 위한 교육을 바다나 강처럼 물놀이 사고 발생 가능성이 큰 실제 현장이 아닌 수영장에서 받다 보니 '실제 사고가 벌어졌을 때 즉각적으로 대처할 수 있을까' 하는 우려도 있다. 실내 수영장은 파도나 조류, 바람이 없기 때문에 제대로 교육을 받는다고 하기 어렵다. 실내 수영장에서는 물을 먹는 경우도 거의 없지만, 실제 상황이라면 강한 물살 때문에 하체의 중심이 무너지면서 몸 전체가 물에 빠지게 되고 입과 코로 물이 들어가 호흡을 할 수 없게 돼 의식을 잃게 될지 모르는 일이다. 당황스럽기야 하겠지만, 실제 상황을 상상하면 교육 중에 물을 먹어보는 것도 연습이 되지 않을까 싶다.

　생존 수영은 파도나 조류가 심한 바다만큼이나 계곡에서도 중요하다. 특히 우리나라는 여름에 계곡으로 놀러 가는 경우도 많기 때문이다. 계곡은 돌이나 이끼로 인해 물 밖에서 깊이를 가늠하기 힘들고 바닥이 평평하지 않아 갑자기 수심이 깊어지는 구간도 주의하기 어렵다. 돌발 상황이 발생

했을 때 신속하게 대응하기 위해서는 아무래도 물에 적응할 수 있는 환경이 중요한데, 아직까지 우리나라에서는 뉴질랜드처럼 호수나 계곡에서 생존수영 교육을 실시하기 어려운 게 사실이다. 3년 전부터 강과 바다에서 하는 생존수영 교육을 추진하고 있으나 마땅한 장소를 찾지 못했다. 생존수영의 목적이나 의미보다 '이 물이 깨끗할지, 우리 아이가 이 물에 들어가 수영해도 될지'에 대한 학부모의 걱정이 컸고, 지역 주민들의 반대도 장소 선정에 어려움을 더하는 요인이었다. '인식의 차이'에서 오는 과제를 완전히 해결하기까지는 상당히 오랜 시간과 투자가 필요할 것 같다. 우리에게도 적절한 공간에서 카누, 카약 등을 활용한 생존수영 교육을 진행할 수 있는 날이 오기를 기대한다.

국어, 영어, 수학, 사회, 과학 등 우리가 당연하게 생각하고 있는 교과목들이 우리 삶에 얼마나 도움이 되었으며, 과연 지금 그 내용을 잘 사용하고 있는지 생각해 보자. "이걸 왜 배워야 하느냐"라고 묻는 아이의 질문에 말문이 막히는 일도 있을 것이다. 학교를 마치고 집에 돌아온 아이가 "배우긴 배웠는데 뭘 배우는지 모르겠고, 할 줄 아는 게 없다"라고 말한다면 부모는 아마 당황해서 머리가 하얘질 것이다. 마음껏 상상력을 발휘하고 자유롭게 배움을 펼칠 수 있는 학교 밖의 교육에 관심을 가져야 하는 이유다.

체험도 좋은 교육이다

흔히 교육이라 하면 학교 교육을 가장 먼저 떠올리지만 생존수영처럼 학교 밖에서 더 잘 배울 수 있는 것들이 많다. 빨리 헤엄치는 능력이 아니라 강과 바다에 나가 생존하는 법을 배워야 하는 것처럼 숲에서 곤충과 생물을 채집하고 나뭇잎을 관찰하면 더 쉽고 재미있게 과학을 배울 수 있다. 또한 학교라는 틀 안에 갇혀 있다면 평생 발견하지 못할지 모르는 재능도 찾을 수 있다. 배움은 학교에서만 이뤄지는 것이 아니다.

아이와 부모,
모두가 행복한 공부비결

"시장님은 자녀 공부를 어떻게 시키셨나요? 비법 좀 알려주세요."

고등학생은 물론, 초등학생 자녀를 둔 부모까지 학부모를 대상으로 한 간담회가 있을 때면 자주 받는 질문 중 하나가 '공부법'이다. 이 질문은 그동안 너무 여러 번 들었기 때문에 내 나름의 레퍼토리가 정해져 이제는 대답이 자동으로 나오기도 한다. '책상 앞에 앉아 공부하는 것보다 경험하는 것이 더 중요하다, 아빠가 공부해서 가르쳤다.' 식상한 대답처럼 보이겠지만 전부 사실이었다.

무엇보다 많은 것을 보고 느끼며 견문을 넓히는 것이 공부하는 것보다 중요하다. 그래서 하던 일도 그만두고 아들이 10살이 되던 해부터 가족여행을 떠났고, 뉴질랜드, 유럽 등 여러 나라에서 다양한 경험을 하게 했다. 쉬운 일은 아니었지만 우리 부부에게도 자녀교육은 가장 중요한 목표 중 하나였기 때문에 다녀올 수 있었다.

여행을 통해 아들은 외국과 외국인에 대한 넓은 이해와 포용력을 갖게 된 것은 물론, 영어로 자유로운 의사소통이 가능해졌다. 하지만 외국에서 오래 머문 만큼 학교에서 정식으로 배우지 않은 탓에 수학 과목은 공부가 안 되어 있었다. 여행으로 해결할 수 없는 새로운 난관이었다.

그래서 곧바로 아들과 함께 수학 공부를 시작했다. 아빠가 먼저 공부해 직접 가르치는 재택교육, 즉 '홈스쿨링'을 시작한 것이다. 내 자신이 학교이자 선생님이라고 생각하며 교재 선정부터 공부 순서, 하루치 공부량을 정하고 미리 공부를 해둔 후 하나하나 직접 가르쳤다. 먼저 개념을 설명하고 문제를 풀게 한 후 해설도 해줬다. 이렇게 하다 보니 아이가 제대로 수업을 듣는지, 어떻게 문제를 풀고, 어떤 부분을 자주 틀리는지 금방 파악할 수 있었다.

제아무리 유명한 선생님을 모셔다 놓은 학원 수업이라도 아이와 맞지 않는다면 아무 소용 없다. 아이의 수준과 공부

성향을 먼저 파악하는 것이 우선이다. 아들을 가장 잘 아는 아빠가 선생님이 된다는 것은, 취약한 부분에 집중해 시행착오를 줄일 수 있게 되는 큰 장점이었다.

　많은 부모들이 직접 가르치기를 시도하지만 번번이 실패하는데, 대부분 부모의 욕심이 앞서서 일 때가 많다. 중요한 것은 당장의 성과가 나오지 않더라도 참고 스스로 할 수 있도록 격려하고 도와주는 것이다. 조바심을 숨기고 부모가 한 발짝 떨어져서 지켜봐야 한다.

　아빠가 직접 가르쳐 아들이 입시에서 나름의 성공을 거두었다고 자부하는 나로서도 자녀를 직접 가르치는 일은 결코 쉬운 일이 아니라고 말한다. 사람인지라 그날 정한 목표치를 따라오지 못하는 아들이 답답할 때도 있었고, 아들의 수준이 높아지면 높아질수록 고민도 많았다. 무엇보다 여러 여건이 갖춰져야만 가능한 일이므로 누구나 시도할 수 있는 것도 아니다. 모든 아이들에게 적용되는 완벽한 양육법은 없다. 누군가를 천재로 키워낸 교육법도 내 자녀에게 먹히지 않을 수 있다는 사실을 인정하고, 좋은 부분은 응용해가면서 가족에 맞는 방식을 찾아 행복하게 공부하면 된다.

　하지만 지금처럼 교육이 입시 위주가 되고, 경쟁이 극도로 과열되면 아무리 부모의 교육철학이 확실해도 장기간 지켜나가기가 어렵다. 끊임없이 이어지는 학교 시험의 경쟁은 아이, 부모 할 것 없이 불안함을 느끼게 한다. 그렇기 때문에 홈스쿨링 방식의 공부법과 교육철학에 대해 이야기하다 보면 자연스럽게 공교육에 대한 고민을 하게 된다. 학교의 기능이 지식 위주에서 인성교육과 돌봄 기능을 강화하는 방향으로 바뀌어야 한다는 의견에는 모두가 공감하면서도, 실질적으로 바뀌지 않고 있는 것은 '닭이 먼저냐, 달걀이 먼저냐' 하는 인과관계에 대한 문제이다. 현행 입시제도가 유지되는 한, 자녀교육에 대한 부모의 가치관이 바뀌기는 어렵다. 부모가 바뀌어야 학교 시스템을 바꿀 수 있는데 제도가 바뀌지 않으면 부모도 쉽게 바뀔 수 없으니, 우리에게 놓인 현실은 절대 녹록지 않다.

입시 중심의 현행 교육제도로는 학생들이 다양한 기질과 욕구를 인정받으며 주체적으로 성장하기 어렵다는 사실을 인정하고 나면, 새로운 대안이 보인다. 단순히 대학에 가는 것을 목표로 하는 공부가 아니라 제대로 된 진짜 배움이 있는 곳, 학생 개개인의 적성과 재능을 살릴 수 있는 다양한 경험을 시도하는 곳이 필요하다. 나는 그 해법이 대안학교에 있다고 생각한다.

유엔 지속가능발전해법네트워크SDSN가 발표하는 '세계행복보고서'에는 매년 덴마크가 최상위권에 오른다. 덴마크는 자유학교, 우리로 치면 대안학교의 학생 비중이 전체의 20%에 이른다. 자유학교의 목표는 '아이들이 개인으로서, 또 조화로운 사회의 일원으로서 가능한 한 충분히 깊이 있게, 행복하게 성장하도록 하는 것'으로 교사와 학생, 학교의 자율성을 최대한 보장하고 있으며, 삶을 위한 교육을 구현하는 것으로 알려져 있다.

우리나라의 대안학교는 어떻게 되어있을까? 우리나라에서 최초의 대안학교가 문을 연지 올해로 20년이 됐다. 그럼에도 불구하고 우리 사회에서 대안학교는 여전히 '공부하기 싫은 학생들이 가는 학교'라는 인식이 남아있다. 미인가 대안학교 학생들에 대한 사회적 편견과 차별도 여전하다.

대안학교는 크게 학력인증 유무와 지역, 학교 특성에 따라 구분된다. 자기주도 학습을 중점으로 운영하는 학교, 종교 이념이나 입시에 대한 가치관, 교육철학 등에 따라 운영되는 학교 등 학교마다 다양한 특성을 보이지만 대안학교의 공통된 특징은 교육의 중심에 '학생'이 있다는 점이다. 공교육이 변화하기 위해 준비하고 진행해 온 혁신학교, 자유학기제, 고교학점제 등과 같은 맥락이다.

화성시는 저마다 다른 재능과 관심을 가진 학생들들 위해서는 학생이 중심이 되는 맞춤이 교육이 필요하다는 의견에 공감하고 관내 초중고 혁신학교 175개교의 학생 동아리 및 자치회 활동을 지원하고 있다. 학생 동아리 및 자치회 활동은 학교별 특성에 맞는 창의적 교육과정을 재구성하여 운영할 수 있을 뿐만 아니라 학생이 교육의 중심에서 자기 주도적이고 주체적으로 성장할 수 있는 좋은 방법이다. 나아가 혁신학교 일반화를 위한 민주적 학교문화 중심의 학교교육과정 모델을 창출하고자 한다.

지식을 익히고 공부하는 것은 로봇 기술과 온라인 매체로 충분히 대체할 수 있는 시대가 머지않아 올 것이다. 빅데이터, 인공지능 등 기술의 발달로 학생들에게 맞춤형 개별교육을 제공하는 일도 더 쉬워지고 있다. 하루빨리 교육혁신이 필요한 이유도 바로 여기에 있다.

앞으로 학교는 사회를 살아가는 데 필수적으로 요구되는 인성을 가르치는 곳이 되어야 한다. 어떻게 하면 도덕성과 책임감을 가진 공동체 구성원으로서 학생들이 의미 있게 성장할 수 있는지에 대해 고민하고, 사회통합과 성장을 이어갈 수 있는 창의성 기르기, 인성교육, 돌봄 기능을 강화해야 한다. 학교가 인성을 배우는 곳이 된다면 학생들은 함께 살아가는 방법, 서로 다름을 인정하는 방법 등 공동체 속에서 더불어 살아가는 법을 자연스럽게 배울 수 있을 것이다.

취미와 행복의
상관관계

앞서 말한 유엔 산하 자문기구 지속가능발전해법네트워크의 '2021 세계행복보고서'를 다시 살펴보자. 2020년 한국의 행복도 순위는 전체 95개국 중 50위였고 2017~2019년 3년간 집계한 한국의 행복지수 순위는 95개국 중 49위였다. 아동의 경우도 크게 다르지 않다. 국제아동삶의질조사[ISCWeB]에 참여한 핀란드, 프랑스, 독일 등 35개국 만 10세(2019년 초등학교 5학년 기준) 아동 행복도를 비교한 결과 한국은 31위를 기록했다. 한국 아동의 행복도는 10점 만점에 8.41점으로 한국보다 순위가 낮은 국가는 네팔(8.21), 홍콩

(8.09), 베트남(7.90) 뿐이다. 유엔아동권리위원회는 해당 보고서에서 한국의 아동들이 극심한 경쟁 체제 속에서 학업에 대한 스트레스와 신체적, 정신적 건강 문제로 즐거운 여가와 문화를 즐기지 못하고 있다는 것을 지적하고 있다. 이는 한국의 아동이 여가, 문화 및 오락에 대한 아동의 권리를 보장받지 못하고 있다는 것이다.

실제로 한국의 아동은 경쟁적인 교육제도와 과도한 학습부담으로 인해 자유롭게 쉴 수 있는 물리적인 시간이 부족하다. 끊임없이 경쟁하는 분위기 탓에 스스로에 대한 탐구와 삶에 대한 고민을 할 수 있는 여유가 없고, 그나마 여가 시간마저 주도적으로 만족스럽게 사용하지 못하고 있다. 무엇을 하며 어떻게 쉬어야 할지 모르는 것도 문제다.

취미를 가지고 잘 쉬는 것은 좋은 교육만큼 중요하다. 그래서 아들이 잘 쉴 수 있는 취미를 만들어주기 위해 부단히 노력했다. 특별한 점은 꾸준히 오랫동안 즐길 수 있는 운동과 삶을 더 행복하게 만들어주는 음악을 취미로 갖기를 바랐다. 그 결과 아들은 지금도 주말, 휴일이면 틈틈이 축구와 기타를 즐기며 생활을 풍요롭게 하고 있다.

자녀에게 취미를 만들어주고 싶은데 어떤 취미가 맞을지 고민하고 있다면 운동과 음악을 강력하게 추천하고 싶다. 이유는 먼저 한국 청소년의 운동 부족이 세계적으로 가장 심각한 상황이기 때문이다. 세계보건기구[WHO]가 2016년 146개국 11~17세 남녀 학생의 신체 활동량 통계를 분석한 결과에 따르면 한국 청소년의 94.2%가 운동 부족이다.[1] 특히 운동이 부족한 여학생 무려 97.2%로 사실상 전원이 신체·정신건강 유지와 발달에 충분한 신체활동을 하지 않는 것으로 나타났다.

일반적으로 국가 소득수준과 청소년 운동 부족 비율이 반비례하는 것을 고려하면, 한국은 국민소득이 높으면서도 청소년 운동 부족이 심각한 사례로 꼽힌다.[2] 더 문제가 되는 것은 한국의 학교에서 체육수업 자체가 사라지고 있는 것이다. 방과 후 체육 활동에 참여하는 학생 비율은 42.9%로 아예 OECD 전체에서 꼴찌다. OECD 평균인 66% 보다 20% 이상 낮다.

『운동화 신은 뇌』의 저자 존 레이티 하버드 의대 정신의학과 교수는 "아이들을 좁은 교실에 가둬놓고 몇 시간씩 움직이지 말고 공부하라는 건 뇌를 죽이는 일"이라고 말하며, "온종일 앉아만 있는 한국식 교육은 학생들 뇌를 쪼그라들게 만들 수 있다"라고 경고한다. 이 책에서 레이티 교수는 미국 일리노이주 네이퍼빌 센트럴 고등학교 학생들의 사례를 분석하여 운동이 학생들의 뇌를 활성화해 공부를 더 잘하게 만든다는 사실을 입증했다. 네이퍼빌 센트럴 고등학교는 0 교시에 전교생이 1.6km를 달리는 체육수업을 배치해 자신의 심박수의 80~90%가 될 정도의 빠르기, 즉 자기 체력 내에서 최대한 열심히 뛰도록 했다. 이후 1, 2교시에는 가장 어렵고 머리를 많이 써야 하는 과목을 배치했다.

이렇게 한 학기 동안 체육수업을 받은 학생들은 학기 초에 비해 학기 말의 읽기와 문장이해력이 17% 증가했고, 0교시 수업에 참가하지 않은 학생들보다 성적이 2배가량 높았다. 또한 수학, 과학 성적이 전국 하위권이던 이 학교는 전 세계 과학 평가에서 1위, 수학은 6위를 차지했다.

그 외에도 실내자전거를 숨찰 정도로 30분간 타고나면 두뇌활동도가 2.5배 높아지고 기억력이 좋아졌다거나 매일 1시간씩 5주간 수영한 쥐는 치매 유발 물질인 베타아밀로이드을 주입해도 치매에 걸리지 않았다는 등 뇌와 신체가 연동한다는 근거는 차고 넘친다.

운동만큼 스트레스 해소에 좋은 취미는 없다. 근육을 사용하는 동안 심리적으로 닫힌 감정을 자연스럽게 풀어주고 좌절감, 분노, 우울 등의 감정을 떨쳐 버리는 데 도움이 된다. 그렇다고 해서 반드시 격렬한 운동을 해야 하는 것도 아니니 자신의 체력에 적당한 수준의 운동법을 찾아 하나의 취미로 만드는 것이 좋다.

열심히 공연을 하는 학생 오케스트라

　음악은 뇌를 자극하는 동시에 심리적 안정감을 준다. 음악 감상을 넘어 악기를 연주하게 되면 집중력과 인내력, 성취감까지 느낄 수 있으니 더할 나위 없이 좋은 취미다. 연주할 줄 아는 나만의 악기 하나만 갖고 있어도 그렇지 않은 사람보다 훨씬 더 풍요로운 삶을 누릴 수 있는 것이다. '1인 1악기'라는 취미가 유행이라도 하면 좋겠다는 생각이 들 정도다.

　베네수엘라의 빈민 아동·청소년을 대상으로 한 오케스트라 중심의 음악교육 프로그램 '엘 시스테마El Sistema'는 악기를 배움으로써 삶이 얼마나 바뀔 수 있는지를 보여주는 좋은 예이다. 1975년 베네수엘라의 경제학자, 정치가이자 아마추어 음악가인 호세 안토니오 아브레우가 청소년 오케스트라를 만들면서 시작돼, 전국 아동 및 청소년이 무상으로 오케스트라와 합창 활동을 할 수 있도록 확대됐다.[3] 마약, 매춘, 폭력 등에 이미 노출됐거나 노출되기 쉬운 환경의 아이들이 엘 시스테마를 통해 어엿한 음악가로 성장하는 모습은 전 세계인들에게 감동과 위로를 선사해 주었다.

화성시는 2021년 4월부터 경기도 교육청과 협력하여 '화성시 학생 오케스트라' 방과 후 과정을 운영, 지원하고 있다. 약 120명의 학생이 단원으로 참여하고 있는데 여기에는 악기 경험자나 실력자들뿐만 아니라, 악기를 한 번도 다뤄본 적 없지만 배우고 싶어 지원한 학생들도 있다. 관내 다자녀 가정 및 사회적 배려 대상자를 우선 선발하고 본인의 악기가 없는 경우, 학교 물품 및 시에서 운영하는 악기 대여소를 이용할 수 있도록 해 참여의 폭을 넓혔다. 단원들의 기량은 제각각이지만 실력 향상을 위해 연주 연습을 하고 합을 맞추는 과정에서 음악으로 하나 되어 어울리고 소통하는 법을 배우고 있다.

나는 화성시장이 되고 나서 첼로를 배우기 시작했다. 매일 바쁜 일상 속에서 온전히 나를 위한 충전의 시간이 필요했는데, 처음 첼로를 배우던 날 실로 오랜만에 설렘과 즐거

음악은 활력을 주는 좋은 취미다

움을 느꼈다. 다들 빼곡한 일정 중에 언제 첼로를 연습할 수 있느냐고 묻지만 답은 간단하다. 마음이 있으면 가능하다. 주말에는 가능한 시간을 내어 연습을 하고자 한다. 그럼에도 불구하고 일주일, 한 달이 지나면서 스스로 조금씩 실력이 쌓여가고 있는 것을 느낀다. 그러는 사이 첼로는 내 삶에 스며들어 어느새 생활에 활력을 더하는 소중한 취미가 되었다.

　어디서든 스마트폰을 손에 쥐고 있는 디지털 시대에 운동과 악기를 취미로 삼기 바라는 마음은 어른의 욕심일 수도 있겠다는 생각이 들기도 한다. 유튜브 보는 게 취미라고 당당히 말하는 자녀가 걱정이 되겠지만 그 취미가 직업이 되고 돈이 되는 경우도 있다. 35만 명이 넘는 구독자를 가진 학생 유튜버는 좋아하는 크리에이터의 브이로그를 본 후, 취미로 '나도 한 번 해볼까'란 생각으로 유튜브를 시작하게 됐다고 했다.[4]

한국 최초로 레고 공인 작가가 된 김성완 하비앤토이 대표 역시 취미로 성공한 사례다. 카이스트에서 컴퓨터 공학을 공부하고 삼성전자에서 일하던 그에게 레고는 업무 스트레스를 푸는 취미활동이었다. 대학 재학 시절 만든 레고 동호회 사이트 '브릭인사이드'를 운영하면서 레고 고수로 이름을 날리기 시작했다. 실력이 알려지면서 레고 코리아나 대형마

아이들 스스로 즐겁게 하는 취미가 좋다

트 완구점 등에서 레고 모형 제작 의뢰가 들어오기 시작했다. 레고 붐과 맞물려 어느 순간 회사일과 병행할 수 없을 정도로 의뢰가 쏟아지기 시작했고, 야근을 밥 먹듯 하는 빡빡한 회사 생활에 지쳐 있던 그는 '좋아하는 일'을 하기로 마음먹었다. 말 그대로 취미로 해볼까 했던 일이 직업이 된 것이다.[5]

게다가 취미가 꼭 한 가지여야 하는 것도 아니다. 한 가지든 여러 가지 든 스스로 잘 맞는 취미를 찾을 때까지 이것저것 시도해 보고 다양한 경험을 해보는 것이 몇 가지 취미를 가졌는지 보다 더 중요하다. 그러고 나서 몰입해 즐기다 보면 삶의 새로운 즐거움과 성취감을 느낄 수 있게 된다. 취미를 통해 삶을 풍요롭게 하는 동시에 여백을 만드는 것이다. 그것이야말로 어른이고 아이고 취미가 있어야 하는 가장 큰 이유가 아닐까. 행복은 멀리 있는 것이 아니다.

AI 시대,
교육은 진화 중

　코로나19를 계기로 외출이 제한되자, 청소년들의 디지털 기기 의존이 심각해졌다. 2019년 정보통신정책연구원이 발표한 '어린이와 청소년의 휴대폰 보유 및 이용 행태 분석' 보고서에 따르면 2018년 기준 어린이와 청소년의 하루 평균 스마트폰 이용 시간은 1시간 53분으로 3년 전인 2015년 1시간 29분에 비해 27.0%로 24분 늘었다.[6] 그도 그럴 것이 비대면 수업에서는 아침에 일어나 교복을 입고 학교에 가는 것이 아니라 모니터 앞에 앉는다. 수업이 끝난 후에도 온라인에서 친구를 만나는 게 일상적인 상황이 됐다. 원격수업 도

중에는 틈만 나면 스마트폰으로 게임을 하거나 유튜브로 영상을 보기 일쑤고, 혼을 내도 반성하는 건 그때뿐이라 부모, 자식 간 사이만 나빠지고 있다고 호소하는 부모들이 많다.

아이에게 처음 스마트폰을 사주던 날을 기억해 보자. 사주고 싶은 마음과 사주고 싶지 않은 마음이 동시에 들었지만 그럼에도 불구하고 고가의 스마트폰을 사주기로 결정한 데에는 분명 이유가 있었을 것이다. 남들 다 가지고 있는데 내 아이만 없으면 친구들에게 소외되지 않을까, 뒤처지는 게 아닐까 걱정도 되고, 반대로 괜히 사줬다가 하라는 공부는 하지 않고 스마트폰에만 빠져있는 것은 아닐까 걱정도 했을 것이다. 그리고 지금은 아이가 스마트폰을 손에 들고 있는 모습만 봐도 걱정이 되고 불안해하고 있을 것이다.

그러나 전화번호를 외우기 위해 시간과 두뇌를 쓰는 시대는 오래전에 지났다. 스마트폰을 쓰면서 두뇌가 직접 기억하는 것보다 더 다양하고 정확하게 정보를 알 수 있게 되었으며, 스마트폰의 증강현실 기능을 활용하면 눈에 보이지 않는 건물과 식당, 화장실의 위치까지 알 수 있게 됐다. 하루가 다르게 발전하는 AI 통번역 앱의 수준을 보면 머지않아 지금처럼 외국어를 공부할 필요가 없을지도 모른다.

15세기 유럽, 인쇄술이 상용화되기 이전에는 성경을 외울 수 있는 수도사가 많았다고 한다. 성경이 책으로 인쇄되기 시작하자 암기할 필요가 없어져 성경을 외우는 수도사가 사라졌다. 성경 구절이 필요하면 책을 찾아보면 됐기 때문이다. 그렇다고 해서 종교의 신성성이 떨어졌거나 신학이 쇠퇴하지 않았다. 두꺼운 성경을 외울 시간과 노력을 다른 곳에 쓸 수 있게 된 것이다. 오히려 구전으로 전해지며 시대와 지역에 따라 조금씩 달랐던 성경이 인쇄술를 통해 표준화되고 수백 년이 지난 지금까지 원문 그대로 전해질 수 있게 됐다.[7]

빅데이터, 사물인터넷[IoT], 인공지능[AI], 블록체인 등 기술의 융합으로 매일 새로운 영역이 만들어지고 있다. 스마트폰은 인간의 눈과 귀가 되어주는 것을 넘어 기억, 사고, 학습 시스템 등의 기능을 수행하고 있다. 그 영역을 무한대로 확장하고 있으며, 우리 몸에서 여러 가지 기능을 수행하는 장기 중 하나와 다름없는 존재가 됐다. 스마트폰이 우리 두뇌를 좀 더 고차원적이고 창의적인 일에 쓸 수 있게 만든 것이다. 말 그대로 디지털 대전환의 시대이다. 더 이상 스마트폰을 사줄지 말지를 고민할 게 아니라 넘쳐나는 정보의 홍수 속에서 옥석을 가리고 선별하는 법을 가르치는 것이 더 중요해졌다.

전 세계적으로 코딩 교육이 미래를 여는 교육으로 각광받고 있는 것도 이런 이유에서다. 버락 오바마 전 미국 대통령은 코딩 교육이 미국의 미래라고 말하며 'Hour of Code' 캠페인을 통해 하루 한 시간은 코딩을 배워야 한다고 강조한 바 있다. 영국과 인도도 전 국민의 프로그래머를 목표로 코딩 교육 강화 정책을 펼치고 있다. 마이크로소프트 창업자 빌 게이츠와 페이스북 최고경영자 마크 저커버그는 중학교 때부터 프로그래밍을 배운 것으로 알려져 있다.

코딩의 사전적 의미는 '컴퓨터 작업의 흐름에 따라 프로그램의 명령문의 사용하여 프로그램을 작성하는 일'이다. 쉽게 말해 프로그래밍을 통해 컴퓨터가 움직이는 방법을 설계하는 행위이자 프로그래밍 언어로 컴퓨터와 의사소통하는 일련의 행위를 말한다. 그러나 코딩 교육은 단순히 코딩 언어를 암기하는 코딩 기술자를 양성하기 위한 교육이 아니다. 문제를 분석하고 해결하기 위해 알고리즘을 작성하는 과정에서 창의적이고 논리적인 방법으로 사고하는 능력을 키우는 것이 코딩 교육의 목적이다. 과거 우리가 문해력을 높이려고 노력했던 것처럼 이제는 코딩 교육을 통해 컴퓨터와의 소통 능력을 길러야 한다.[8]

이런 시대의 변화에 맞춰 화성시에서도 '찾아가는 코딩 교실'을 운영 중이다. 화성지역 소규모 농어촌 학교에 보다 나은 소프트웨어 교육이 이루어질 수 있도록 물적, 인적자원을 지원하는 지역 연계 교육 프로그램으로 전문교육강사가 학교로 찾아가 다양한 소프트웨어 교육을 진행한다. 센서보드를 활용해 스스로 코딩을 하면서 자율 로봇 프로그래밍을 구현해 컴퓨팅 사고력과 창의적 문제 해결 능력을 기르게 유도하고 있다. 실습 위주로 교육을 구성하여 논리력, 창의력 향상에도 큰 도움이 된다. 또한 일상생활에서 필요한 다양한 개인 맞춤형 인공지능 기기를 제작해 보면서 적성과 진로에 대한 선택의 폭을 넓힐 수도 있다.

다른 교육도 마찬가지지만 문제는 코딩 교육과 같은 경우 부모, 사교육의 여부 등에 따라 학습 편차가 매우 크다는 것이다. 우리나라는 인터넷과 모바일 보급률이 높은 편이지만 일부 학생의 경우 느린 인터넷 속도와 기본적인 온라인 수업조차 원활히 진행하기 어렵다. 학생별 환경의 격차가 크기 때문에 같은 학년 아이들끼리도 학원을 다닌 아이와 공교육에만 의존하는 아이는 매우 큰 차이를 보인다. 디지털 격차가 빈익빈부익부 현상을 만들고 있다.

디지털 격차는 결국 개인의 생활을 넘어 산업·경제적 기회의 격차로 이어지게 된다. 향후에는 사회·경제·문화적 불평등을 야기할 수 있는 큰 문제다. 기술의 발달에 따른 급속한 사회 변화는 이 시대를 살아가는 모두에게 도전과 기회를 제공하지만, 변화의 흐름에 제대로 적응하지 못하면 소멸과 도태라는 치명적인 결과를 감수하도록 하는 것이다. 이러한 문제의식을 가지고 미국, 영국, 일본 등 세계 주요국은 교육에 있어 어떻게 하면 학교가 모든 학생들에게 공평한 배움을 제공할 수 있을지에 대해 고민하고 있다.

미국에서는 2015년 12월 컴퓨터과학을 K-12(한국의 유치원부터 고등학교 과정에 해당함)의 교과목으로 도입하는 내용을 포함한 새로운 교육법, '모든 학생 성공법Every Student Succeeds Act'이 통과됐다. 여기에는 교육격차를 줄이기 위한 다양한 시책이 포함되어 있으며, '전인격적 교육'의 정의에서 작문, 수학, 역사 등 주요 과목과 함께 컴퓨터과학을 하나의 교과로 포함시켰다. 학교와 교사는 컴퓨터과학 수업에 대해 연방정부의 지원을 받을 수 있고, 이를 통해 다양한 컴퓨터과학 수업이 활발하게 도입될 기반이 마련된 것이다. 또한 차세대 과학표준을 중심으로 과학, 수학 교육에도 컴퓨팅 사고력 도입을 추진했으며, 유치원부터 고등학생 대상으로 하는 '모든 학생을 위한 컴퓨터과학교육Computer Science for All' 정책을 시행하고 있다. 미국대학입학시험인 SAT를 주관하는 칼리지 보드College Board는 최근 컴퓨터과학과 컴퓨팅사고력의 중요성이 강조되는 정책 흐름을 반영해, 2017년 5월부터 대학과목선이수제 과목으로 '컴퓨터과학개론' 과목을 신설하기도 했다.

일본은 2012년부터 중학교, 2020년에 초등학교, 2022년에 고등학교 순으로 정규 교육과정에 프로그래밍 교육 등 정보교과를 필수화하고, 2025년부터는 대학 입시에 소프트웨어

교육을 필수과목으로 지정할 예정이다. 2017년 4월 24일 발표된 '학습지도요령에 대해学習指導要領について'는 초·중학교 교육 내용의 주요 개선사항으로 정보활용 능력의 육성을 제시하고 있는데, 컴퓨터와 정보통신 네트워크 등 정보 수단을 활용하는데 필요한 환경을 마련하고, 이를 적절히 활용해 학습 활동을 충실히 도모할 수 있도록 하고 있다.[9]

우리나라의 대통령 직속 4차산업혁명위원회도 2020년 8월 국민 디지털 리터러시 함양을 위한 '전 국민 인공지능·소프트웨어 교육 확산 방안'을 발표했다. 인공지능 교육의 내용·범위 기준을 마련하고 교육과정 개정 시 정보 수업 시간 확대를 추진하겠다고 했다. 교육부 또한 2020년 11월 인공지능 교육 종합 방안인 '인공지능 시대 교육정책 방향과 핵심 과제'를 발표한 바 있다.

세 국가 모두 정보교육에 있어서 모두가 평등해야 한다는 점, 그리고 학생들은 모두 배울 권리가 있다는 기조에 근거한 것이다. 단시간 교육만으로는 아이들의 정보 역량을 충분히 키우기 어려운 만큼 장기적으로 학교 교육과정을 기반으로 한 정보교육이 안착되어야 한다. 기술의 발달이 가져오는 편리함이 앞으로 아이들 스스로 삶의 질을 향상시킬 수 있는 힘이 될 수 있기를 바란다.

아동의 자기결정권과
인권

영화 〈미스터 빈의 홀리데이〉는 미스터 빈이 여행사 경품으로 당첨된 프랑스 여행을 떠나는 이야기다. 여행을 시작하기도 전에 가방을 잃어버리고, 여권과 기차표, 버스표 등 참 잃어버리기도 많이 잃어버린다. 하지만 그 과정에서 러시안 소년 스테판과 사랑하는 사빈느를 만난다. 여행은 이런 것이다. 예측할 수 없는 일로 가득 차 있는 여행을 통해 우리는 수많은 것들을 얻는다.

아들과 나의 여행도 그랬다. 우리 가족이 다녔던 여행은 다 갖춰서 준비된 상태로 떠나는 여행이 아니라 하나하나 스스로 찾아내는 여행이었다. 미지와 무지의 상태로 떠나는 여행은 두려움만큼 설렘도 크다. 그래서 일부러 여행 정보도 더 찾아보지 않고 며칠에 어느 도시에 있을지, 시작하는 지점과 끝나는 지점 사이의 경로만 짜고서 출발했다.

이렇게 최소한의 계획만 세워두니 갑자기 숙소 예약이 필요할 때가 생기기도 하고, 가보고 싶던 식당을 찾지 못해 이곳저곳을 헤매는 경우도 있었다. 그래도 새로운 환경에서 새로운 도전을 만나는 일은 늘 즐거웠다. 여행 횟수가 늘어나면서부터는 여행 계획은 아들이 주도적으로 진행하게 되었다. 경비를 정해주고 정해진 경비 내에서 어느 숙소에서 머물지, 어떻게 이동할지, 어떤 일정을 소화할지 등을 직접 고르고 세부일정을 스스로 결정하게 했다.

여행 계획을 세우는 일은 매우 자기주도적인 학습이다. 여행을 준비하는 단계부터 실제 여행이 실행되는 동안에도 수많은 문제를 고민하고, 결정하는 과정을 거쳐야 한다. 여행을 다녀온 후에는 다음 여행을 위한 복습과 수정, 보완이 자연스럽게 따라온다. 이번 여행에서 잠자리가 불편했다면 다음번 여행에서는 식비를 줄이는 대신 숙소 예약에 좀 더 많은 경비를 지출하는 식으로 말이다. 이런 과정들을 통해 아들은 스스로 결정하는 법을 배웠고, 그것은 아들과 나의 여행에서 얻은 가장 큰 수확이었다.

사람은 누구나 자신의 위치에 따라 다양한 역할을 맡게 되는데, 유독 청소년에게만은 입시 대상으로서 '학생'이라는 역할만이 요구된다. 청소년은 가정에서도, 지역사회에서도 하나의 주체가 되지 못하고 수동적인 존재로만 지내왔으며, 어떻게 하면 자기다운 삶을 살 것인지, 구성원으로서 나의 역할은 무엇인지에 대한 고민할 새도 없이 학교와 학원, 집을 반복하다가 대학에 간다. 즉 많은 아이들이 자기 인생의 주체가 되어보기는커녕 어느 학원에 가서 어떤 공부를 해야 할지, 어떤 친구를 사귀어야 할지까지 부모에 의해 결정되어 버려 어느 것 하나 스스로 결정해 본 적 없이 자란다. 이렇게 자란 아이들은 성인이 되어서도 늘 기댈 나무를 찾기 바쁘다. 먹는 것, 입는 것, 노는 것까지도 혼자서 결정하지 못하는 사람이 되기도 한다.

어른들이 범하는 큰 잘못 중 하나는 아이들이 결정할 기회를 주지 않고 대신 결정해버리는 것이다. 어른들 입장에서는 잘못된 선택을 방지함으로써 행여나 일어날 실수를 줄여주는 것이라고 할 수 있지만, 그렇게 하나부터 열까지 대신 결정해 주다 보면 아이들은 스스로 생각하고 결정할 수 있는 능력을 잃는다. 잘못된 결정을 통해 실패를 경험하는 것, 그리고 그 과정에서 자신의 결정에 책임을 지는 법을 배우는 것도 중요하다.

어린이, 청소년들이 모인 청소년의회 발대식

　아들과의 여행으로부터 아이디어를 얻어, 화성시의 아이들을 자기결정권이 있는 자기주도적인 아이들로 키우기 위해 고민하며 낸 묘안이 바로 '자기주도여행'이다. 자기주도여행은 12~13세, 14~16세의 청소년들이 팀을 구성해 여행활동을 직접 기획하고 실행하며, 결과 발표까지 하는 활동이다. 정해진 계획표에 맞춰 방문하는 기존 수학여행과는 완전히 새로운 여행 방식이다. 선정된 팀은 6개월간 4회의 자유여행을 진행하게 되며, 여행경비의 50%를 시가 지원한다. 꼭 가르치는 것만이 좋은 교육이라고 할 수 없다. 가르치지 않더라도 보조자의 역할 만으로 잘 이끌 수 있다.

자기들만의 계획으로 여행을 떠난 아이들은 어떻게 될까? 일단 여행은 떠나는 것 자체만으로도 스트레스가 해소된다. 모두를 설레게 하는 여행은 일상과 전혀 다른 새로운 공간에서 새로운 사람들을 만나는 체험학습이다. 학교 밖 거대한 교실로 나가는 셈이다. 교실 안에서 배울 수 없는 것을 스스로 부딪혀 깨닫게 해준다. 또한 여행의 여유 속에서 자신의 꿈과 목표에 대해 돌아보는 아이들도 있을 것이다. 이를 통해 긍정적인 자아 정책성을 확립할 수도 있다. 여기까지는 일반적인 여행의 장점과 비슷하다고 할 수 있다.

자기주도여행에 담긴 철학은 아이들을 어른과 동등한 인격체로 인정하는 것이다. 어른들의 걱정과 달리 아이들도 스스로 선택하고 결정할 수 있는 능력을 가지고 있다고 믿는 게 우선이다. 다른 여행과 달리 자기주도여행은 보호자 없이 제한된 시간과 예산에 맞춰 계획을 세워야 하기 때문에, 아이들 스스로 결정해야 할 것들이 많다. 여행 장소를 고르고 난 후에도 방문할 곳, 교통편, 식당 등을 정하려고 하면 꽤 오랜 시간이 걸린다. 혼자 떠나는 여행이 아니기 때문에 다른 팀원과 의견이 다를 경우 지혜를 모아 합의점을 찾아야 한다. 이 모든 과정은 아이들의 자기주도권은 물론, 협동심도 길러준다.

그동안 우리 사회가 아이들의 결정권을 완전히 무시했다고 말하고자 하는 것은 아니다. 하지만 자기결정권, 자기주도성을 강조하면서도, 앞으로 나아가지 못했던 것은 아동을 양육의 대상, 미숙한 존재라고 여기는 인식이 깊숙이 자리 잡고 있기 때문이다.

"화성시는 청소년이 스스로의 주인이라는 것을 존중합니다. 투표권이 있건 없건 청소년들은 화성시를 만드는 요소 중에 가장 중요한 요소를 차지합니다. 여러분은 시민으로서 가치와 권리를 가지며, 매우 중요한 자리에 있습니다. 하지만 투표권이 없다는 이유로 청소년들의 일을 정작 청소년도 아닌 어른들이 결정합니다. 화성시에서는 청소년의 일은 청소년들이 맡아야 한다는 전제조건으로 정책을 추진하려고 합니다. 그래서 청소년들이 본인들의 의견을 제시할 수 있도록 청소년 지역회의를 시작합니다. 의견이 틀릴 수도 있지만, 그래도 청소년 위원들이 여러분의 일에 적극적으로 참여를 해주셨으면 좋겠습니다."

2020년 8월 1일 청소년 지역회의 오리엔테이션에서 청소년 지역위원들에게 당부한 말이다. 화성시가 청소년 지역회의는 아동의 사회 참여가 기본적인 권리일 뿐만 아니라 자주적이고 책임 있는 사회 구성원으로 성장할 수 있는 역량을 키워주는 데 효과적이라는 데서 출발했다.

첫날의 당부가 무색할 만큼 청소년 지역위원들은 온·오프라인 회의를 병행하며 자신들이 살아가는 지역, 화성의 지역 문제를 발굴하고 정책을 제안했다. 단순히 민원 수준의 몇 가지 정책을 제안하는 것을 넘어 자신의 삶에 가장 밀접하게 영향을 미치는 일에 스스로 주체가 되어 적극적으로 참여했다. 그렇게 제안된 정책들과 논의 과정을 살펴보면 아이들의 분석력과 문제해결능력이 얼마나 뛰어난지, 그리고 어른이 바라보는 아이들의 시각과 아이들이 바라보는 어른의 시각이 얼마나 다른지 알 수 있다.

청소년들 스스로 하는 활동이 중요하다

'왜 청소년 지역회의 도시문제 분과에 참여했는지'라고 묻는 질문에 대해 한 청소년 지역위원은 "제 동생이 이번에 초등학교에 입학했는데, '주위를 돌아다니면서 혹시 위험한 시설에 위협받지 않을까?'라는 걱정이 들었어요. 도시문제 분과에서 활동하면서 위험한 도로, 주위의 폐가들을 좀 정리하고 싶어서 도시문제 분과에 참여하게 되었습니다"라고 답했다. 사소하지만 분명한 목표가 있는 이유다. 이렇게 시민으로서 사회에 참여한 경험은 청소년과 그들을 둘러싼 환경을 변화시키는 한 걸음이 될 것이다. 더 나아가 이 경험으로 그들이 어떤 시련으로 인해 쓰러지더라도 다시 일어날 수 있는 힘을 갖게 될 것이라고 믿는다.

자기결정권은 자신을 잘 아는 상태에서만 나올 수 있는 힘이다. 내가 좋아하는 것과 싫어하는 것, 할 수 있는 일과 할 수 없는 일 등 자기 자신을 잘 알고 스스로에 대한 확신을 가지고 있을 때에 발휘될 수 있다. 내 힘으로 성공해 보지 않은 아이들은 자기 힘의 영역을 알 리 없고, 스스로 도전해 실패해 보지 않은 아이들은 자신의 한계를 알 리가 없다. 결국 아이들 스스로 경험하고 느끼면서 깨닫고 자신의 욕구와 능력, 감정을 시험대에 올려 진짜 자기 것을 가려내는 연습이 필요한 것이다. 이 과정을 거친 후에야 아이들은 진짜 자기 자신의 모습으로 살아갈 수 있다.

숨겨진 재능을 찾아주는
꿈의 도시

　많은 사람들이 자신의 진짜 재능이 무엇인지 모르고 산다. "무슨 일을 해야 할지 모르겠어" "내가 뭘 잘하는 사람인지 모르겠어" 등 사실 진로를 고민하는 학생이나 오랜 기간 직장 생활을 해온 중년의 직장인이나 자기 자신에 대한 고민은 크게 다르지 않다. 이는 현대인이라면 누구나 갖고 있는 숙제 같은 고민이다. 여러 사람들을 만나 진로와 커리어에 대해 이야기를 나누다 보면 이 세상에 대체 자기 재능이 무엇인지 알고 있는 사람이 존재하기는 한 걸까 의심스러울 정도다. 물론 자신이 무엇을 잘하는지, 타고난 재능이 무엇인지를 보다 명확하게 알면 그 분야에 과감히 뛰어들 수 있을 테니, 모두가 '내가 가진 재능'에 대해 고민하는 것을 이해하지 못하는 것은 아니다. 그래도 우리는 왜 이렇게 끊임없는 고민을 하며 살아갈까?

사실 그 실마리는 스스로에게 있다. 재능이라는 것이 특별한 사람에게만 발휘되는 특별한 능력이라고 생각하기 때문에, 자신이 가진 재능을 발견하지 못하는 것이다. 결론부터 말하자면 누구에게나 재능은 있다. 사전에 '재능'을 검색해 보면 '어떤 일을 하는데 필요한 능력'이라고 나온다. 즉, 타고난 능력과 본인이 훈련에 의해 얻게 된 재주 모두는 재능이라 할 수 있다. 결국 자신이 타고난 재능을 발견하느냐, 못하느냐가 성공의 한 끗 차를 결정할 뿐이다.

자녀의 재능을 찾는 일은 자녀에게 집중하는 것에서부터 출발한다. 그러다 보면 다른 아이와 비교하거나 자녀의 긍정적인 부분보다 부정적인 행동과 약점이 눈에 더 띄기도 한다. 이는 우리 뇌 구조상 올바른 것보다 잘못된 것을 더 빠르게 발견하도록 만들어져 있기 때문인데, 자녀교육에 있어서 특히 주의해야 하는 부분이다. 아이에게는 단점도 있지만, 그보다 더 큰 장점도 분명히 있다.

자녀를 있는 그대로의 모습으로 보고 움직임 하나하나 관찰한 후 내 자녀에 대해 얼마나 알고 있는지 생각해 보자. 자

사람들과 얘기해보며 진로를 찾는 것도 좋다

녀가 잘하는 일, 즐기는 일, 활력을 느끼는 일을 알고 있는지, 자녀가 외출했을 때 누구와 어디에 있고 언제 돌아오는지, 친한 친구들은 누구인지 등 아주 사소한 것이라도 좋다. 재능을 찾기 위해 자녀가 반드시 남들보다 뛰어나게 잘하는 것을 찾아야 하는 것은 아니다. 유난히 어려운 사람을 보면 돕고 싶어 하는 아이도 있고 또래에 비해 뛰어난 미각을 가지고 있는 아이도 있다. 미술 실력이 우수하지 않더라도 옷 입기와 방 꾸미기에 관심이 높은 아이가 미적 감각, 창의성이 높은 것처럼 타고난 재능은 자연스럽게 드러난다.

가아지 (반려동물)를 집에
혼자 두는 시간은 얼마나 되나요?

1~3시간	3~5시간	5~8시간	거의없음

학생들이 스스로 자기의 길을 찾을 수 있게 도와야 한다

　다양한 세상을 경험하게 하고 스스로 재능을 찾을 수 있게 도와주는 것도 좋은 방법이다. 한때 아들은 뉴질랜드에 머물던 시절 축구를 하고 싶어 했다. 그래서 기어코 축구 클럽에 들어갔지만 얼마 가지 못해 그만두었다. 막상 매일 축구를 해보니 생각보다 힘들었을 테고, 그러면서 자연스레 자신의 길이 아님을 알게 되었던 것이다. 하지만 이 역시 하나의 시행착오일 뿐 절대 실패는 아니다. 책상 앞에서든, 밖에서든 스스로 경험해 봐야 자신의 재능을 자연스레 발견할 수 있다.

"모든 사람은 천재다. 하지만 물고기를 나무 타기 실력으로 평가한다면, 물고기는 평생 자신이 형편없다고 믿으며 살아갈 것이다." 아인슈타인의 말처럼, 재능을 발견하지 못하고 활용하지 못하고 사는 것만큼 안타까운 일이 없다. 피겨 스케이팅 선수 김연아, 축구 선수 손흥민 등 한 분야의 정점에 오른 이들이 오직 자신의 재능만으로 꽃을 활짝 피운 것은 아니다. 어찌 됐든 타고난 재능을 알아보고 함께 고생하면서 뒷바라지한 부모의 헌신 또한 이들이 성공한 데 큰 역할을 한 것은 분명하다. 아이들의 재능이 원석이라면, 다듬어지지 않은 원석을 갈고닦아 보석으로 만드는 것이 바로 부모와 사회의 역할이다.

다행히도 직업의 다양성은 점점 더 넓어지고 있고, 청소년들도 각자 다양한 직업에 흥미를 느낀다. 화성시에는 청소년의 꿈을 찾고 지원하기 위한 남다른 거리가 있다. 바로 화성자유학년제지원센터의 '화성진로체험거리'다. 시범운영을 거쳐 동탄 노작마을을 중심으로 치동천, 센트럴파크, 서동탄역, 봉담, 남양, 향남 등 7개 진로체험거리를 운영 중이다. 학생들의 활동지역과 흥미를 고려하여 목공예, 티소믈리에이자 티큐레이터, 떡공예, 파티시에, 조향사 등 약 70개 직업을 체험해볼 수 있는 프로그램이 있다.

화성진로체험거리의 시작은 '노작 마을 살리기'였다. 화성

교육협력지원센터가 관내 학생 동아리를 지원해 청소년들이 스스로 마을의 인적, 물적 자원을 발굴하고 다양한 진로직업체험 프로그램을 개발하는 프로젝트로 동탄국제고, 홍익디자인고, 봉담고 학생동아리 30여 명이 참여해 아이들의 눈높이에 맞춘 진로체험을 개발하고 또래 친구들의 관심을 높이는 홍보활동을 통해 마을을 하나의 거대한 진로체험 공간으로 탈바꿈시켰다. 노작 마을 일대 미술 공방과 가죽 공방, 사진관 등 총 14개의 곳을 선정해 또래 청소년들이 쉽게 참여할 수 있도록 지도 제작 및 페이스북, 신문매체 등을 통해 홍보했다.

화성진로체험거리는 개발 단계부터 센터, 마을, 학생, 학교가 함께 참여한 것이 가장 큰 특징이다. 우선 센터는 홍익디자인고 NCS 출판인쇄 수업에서 지역별 5개로 나누어진 모둠에게 디자인을 의뢰하여 계약서를 작성하는 것으로 시작했다. 결과물을 제출하는 전 과정을 온·오프라인 수업으로 병행하며 프로젝트 그 자체가 실질적인 진로체험이 될 수 있도록 했다.

"남양은 동네가 작고 공방들이 대체로 아기자기하기 때문에 그 점을 강조하고자 가게 차광막을 모티브로 작업을 진행했습니다. 또 다양한 색들을 사용하여 남양과 잘 어우러지는 느낌을 주었습니다."

"서동탄역 진로체험거리는 빈티지라는 콘셉트에서 출발했습니다. 채도가 살짝 빠진 노란색을 메인 컬러로 잡아 공통으로 백그라운드에 활용했고, 스탬프라는 요소를 공통으로 활용하여 옛날 편지지 혹은 엽서가 생각나도록 제작했습니다."

"치동천 진로체험거리의 콘셉트는 '정글'인데요, 치동천의 힐링, 마을 정원 등과 같은 키워드처럼 자연 친화적인 환경에서 다양한 직업체험을 할 수 있는 장소라는 점을 표현하고자 했습니다. 그래서 자연의 아름다움을 다채롭게 뽐내는 정글의 이미지를 활용하면 좋을 것 같다고 생각했습니다."

"향남이라는 동네에 시각적으로 무엇이 어울릴까 고민하다가 규모가 작고 한적한 동네 특성에 맞게 힐링을 주제로 하여 누구나 편하게 즐길 수 있는 진로체험거리를 만들고자 했습니다."

"〈동물의 숲〉에서 모티브를 따와, 저희가 직접 디자인한 캐릭터를 위주로 친근한 느낌이 드는 인쇄물을 제작하고 싶었습니다."

이는 프로젝트에 참여한 학생들이 각자 맡았던 진로체험

거리의 콘셉트에 대한 설명이다. 지역별 특성을 정확하게 파악하고 있을 뿐만 아니라 각각의 특징을 디자인에 적용하여 지역 개성을 살린 진로체험거리가 될 수 있었다. 계약서 작성, 기획, 디자인 시안 및 검수까지 학생들이 스스로 책임질 수 있는 범위를 어디까지 할지에 대한 우려가 없었던 것은 아니지만, 막상 결과물을 보니 학생들의 잠재력이 생각보다 뛰어나서 매우 놀라웠다. 코로나로 인해 사전에 계획했던 방향을 많이 수정해야 했고 그로 인해 제약도 많았지만, 마을 전체가 수업의 교재가 되고 실무적인 과정을 교육에 잘 녹여낸 모델로 높은 평가를 받고 있다.

이렇게 완성된 진로체험거리는 실제 체험을 통해 흥미와 적성을 찾고 스스로 진로를 선택하도록 하는 프로그램으로서 학생과 부모, 모두에게 좋은 호응을 얻었다. 특히 청소년들에게 진로체험이 주는 효과는 상상 이상으로 크다. 책상 앞에 앉아서는 절대 알 수 없는 직업의 현장을 생생하게 보여줌으로써, 직업에 대한 막연한 환상에서 벗어나 진지한 태도를 형성하는 데 도움을 준다.

몇 년 전부터 쏟아져 나온 요리 관련 프로그램들로 스타 셰프가 인기를 얻자, 초등학생들의 장래희망으로 요리사가 상위권에 오르기 시작했다. 그러나 실제 주방의 현실을 가르쳐 주는 사람이 없는 것이 큰 문제였다. 실제로 드라마나 영화로 특정 직업군을 접하고 동경하던 아이들이 진로체험 후 그 치열함에 놀라 다른 진로를 찾아야겠다고 말하는 경우가 많다.

지금 청년들이 취업 후에 생각했던 것보다 여건이나 임금이 맞지 않아 그만두는 경우가 있는 것을 생각해 보면, 일찌감치 현실적인 모습을 보여주는 것이 더 나을지도 모른다. 현실적으로 어려서부터 자신의 재능을 찾아 자신만의 판단기준에 따라 진로를 결정하게 되면, 진학 목표부터 더 구체적으로 세울 수 있다. 진학 계획을 더 일찍 수립하고 준비하면 인생을 결정하는 중요한 선택인 직업의 문제를 훨씬 더 쉽게 풀어갈 수 있다.

시대가 변하면 아이들의 장래희망도 바뀐다. 먹방이 유행했던 때에는 장래희망 중 '요리사'가 상위권에 올랐고, 유튜브가 지속적인 인기를 끌자 '유튜버'와 '크리에이터'의 순위역시 해마다 높아지고 있다. 진로체험거리를 포함한 화성시 진로교육의 목표는 '아이들이 앞으로 어떤 삶을 살고 싶은지, 그 삶을 위해 어떤 일을 하고 싶은지 스스로 고민하고 선택하는 과정을 돕는 것'이다. 어떤 방법으로, 무엇이 되든지간에 스스로의 고민을 통해 결정한 것이라면 백 퍼센트 응원하는 마음이다.

화성시에서 진행하고 있는 교육 프로그램을 수강 신청하는 화성시통합예약시스템에 '유튜버'를 검색하면 10개 이상의 강좌가 나온다. 단순히 영상 편집기술을 배우는 것을 넘어 여러 차수에 걸쳐 1인 미디어 수익모델과 콘텐츠 기획까지 상세히 교육하는 프로그램들이다. 진로를 찾는 과정이 잘하는 일과 하고 싶은 일을 찾는 일이라 한다면, 어려서부터 자신의 재능을 찾아 꿈을 향해 행복하게 달려 나갈 수 있도록 다양한 경험과 기회를 제공하는 것을 가장 중요하게 생각하고 있다. 시장으로서 조금 더 욕심을 부리자면 그 과정에 마을과 학교, 교육청과 시가 함께 함으로써 지속 가능한 교육 생태계가 구축될 수 있기를 바란다.

아이를 키우는 데는
온 마을이 필요하다

　2020년까지 방영했던 TV 프로그램 〈한끼줍쇼〉는, 강호동과 이경규가 게스트와 함께 한 동네의 아무 집의 초인종을 눌러 밥 한 끼를 청하는 프로그램이다. 밥을 대접하기 어려운 상황이라면 어쩔 수 없지만, 주인이 응하면 있던 밥과 반찬으로 꾸밈없이 즐거운 한 끼를 나누는 형식이었다. 내가 어릴 적 마을에서 놀다가 허기지면 이웃집에 불쑥 찾아가서 밥 한 끼를 얻어먹었던 모습과 비슷하다. 그때만 해도 내 자식과 남의 자식 구분이 없었고, 내 집과 이웃의 울타리가 없었다.

더 오래전으로 거슬러 올라가 보면, 우리나라에는 예로부터 두레, 계, 향약, 품앗이와 같은 전통적 촌락 공동체 조직이 마을마다 여럿 있었다. 명칭은 조금씩 다르지만 어려울 때 온 마을이 내 일처럼 나서서 서로 돕고, 정을 나누며 화합했던 우리의 미풍양속이다. 상부상조 정신을 기반으로 한 이것들이야말로 마을공동체의 그 자체인 것이다. 「녹두장군」으로 유명한 소설가 송기숙은 마을의 상호부조와 협동의 전통을 '마을 공화국'이라는 말로 표현했다. 그만큼 우리나라의 마을공동체 문화는 국난의 시기에는 의병을 일으키는 견위수명의 현장이자 민간의 힘으로 수많은 서당과 서원을 일으켜 세계적 인문학의 산실이 되었다.

최근에는 자기가 사는 동네를 활력 넘치는 마을로 만들기 위한 활동이 전국에서 활발하다. 주민들이 기부한 책으로 작은 도서관을 만들고 아파트 후미진 공터를 친환경 텃밭으로 만들어 우범지대를 없애고 소통의 공간으로 활용하기도 한다. 지역주민 간 소통과 화합이 가장 중요시하고 있는 만큼 각 지방자치단체마다 활기찬 마을 만들기 사업이 가히 열풍이다. 화성에서도 다양한 주제로 마을 만들기 사업을 실시하고 있는데, 민관이 화성시의 지역자원과 역량을 함께 모아 주민이 행복한 마을을 만드는 것이 핵심이다.

마을교육공동체도 그중 하나다. 이름은 거창해 보이지만 하는 일은 간단하다. 마을교육공동체가 지향하는 바를 쉽고 간단하게 보여주는 예가 있다. 각자 자신이 살고 있는 아파트 인근 버스정류장에서 담배를 피우고 있는 이웃집 청소년 2명과 눈이 마주쳤다고 상상해 보자. 이웃 어른과 눈이 마주친 아이들은 어떤 표정을 지을까? 그리고 아이들을 발견한 당신은 어떤 행동을 취할까?

요즘 같은 시대에는 대부분의 사람들이 그냥 지나칠 것이다. 이웃 어른으로서 담배의 해악을 알려주고 일탈행동을 꾸짖고 싶지만 그러기 힘든 사회다. 괜히 훈계하다 해코지를 당할 수도 있다는 두려움을 감안하더라도 이웃에 대한 무관심과 각박해진 우리 사회가 안타까운 느낌이 드는 것은 어쩔 수 없다.

마을교육공동체는 과거의 마을처럼 위와 같은 상황에서도 최소한 이웃 어른을 만난 아이가 등 뒤로 담배를 숨기거나 이웃 어른의 훈계가 통하기를 바라는 마음에서부터 시작한다. 진정한 마을교육공동체는 마을의 아이들이 모두 내 아이라고 생각하고, 마을이라는 지역단위를 중심으로 자치, 배려, 상생의 삶을 추구하는 것이다. 마을교육공동체는 학생들이 즐겁게 미래를 그려나갈 수 있는 힘이 되는 동시에, 마을을 변화시키는 원동력이기도 하다.

청소년 시기는 삶의 가치관을 형성하는 시기이기에, 마을 교육공동체가 제공하는 좋은 배움과 경험은 매우 긍정적인 역할을 한다. 학생들은 마을의 인적, 물적 인프라를 활용한 학습을 통해 마을에 대해 배우고, 지역사회 발전의 훌륭한 자원으로 성장한다. 그렇게 자란 학생들은 커서 자신의 삶의 터전인 지역사회, 이웃과 공동체를 위해 할 수 있는 일을 고민하는 어른이 된다. 이러한 고민과 배움의 결과는 지역 공동체의 지속가능한 발전을 위한 초석이 된다. 학교 안과 밖의 모든 공간이 배움의 공간이자 돌봄의 공간이 되어 마을 공동체를 이루고 행복한 교육공동체를 실현해야 하는 이유가 여기에 있다.

화성형 교육정책인 아키온AKION은 '아이를 키워가는 온 마을 마을공동체'에서 따온 이름이다. 마을 전체가 선생님이 되고 학교가 되는 마을교육공동체 그 자체를 의미한다. 마을 안에서 배우고 경험하는 창의성 있는 교육을 실현하기 위한 화성시만의 독자적인 교육 정책이다. 지자체는 지역교육청과 함께 마을교육공동체 구축을 위한 조례와 예산을 마련하고, 정책 개발을 추진하면 마을은 지역 교육 과제를 스스로 발굴한다. 또 학생들은 적극적인 참여와 나눔을 통해 교육 역량을 강화하게 된다. 이 사업을 위해 진로체험거리를 만들

온 마을이 모여야, 아이를 잘 키우는 마을이 된다

었고 동아리 축제와 자유학년제 지원센터 등을 운영하고 있
다. 마을과 학교, 주민을 잇는 시민 소통의 지역 커뮤니티 시
설인 이음터 5곳도 운영 중이며 2곳을 추가 건립 중이다.

　이와 더불어 2021년 11월, 화성시는 화성오산교육지원청,
관내 경찰서, 학교, 학부모 등과 함께 화성교육공동체 TF^{Task}
^{Force}를 구성했다. 이는 시에서 발생할 수 있는 모든 교육현안
과 민원을 논의하는 기구인데, 각각의 기관마다 누가 교육공
동체 업무를 담당할지 정하고 TF를 구성하는 데만 몇 달이
걸렸다. 시도 마찬가지였다. 교육 분야에서 발생할 수 있는

모든 이슈를 고려했을 때 아동보호, 청소년, 가족, 보육, 복지 등 다양한 부서가 얽혀있어 독자적으로 담당하는 부서를 찾기가 어려웠다. 준비에 많은 시간이 걸리기는 했지만 촘촘하게 구성한 만큼 학교별·지역별 구체적인 문제 해결 방안을 논의하고, 마을교육공동체의 구성원으로서 앞으로 각각 어떤 역할을 해야 하며, 어떻게 협력할 것인가를 함께 고민할 수 있을 것으로 기대하고 있다.

마을교육공동체를 양육과 돌봄의 영역으로까지 좀 더 확장하면 다양한 사회적 교육문제를 해결하는 방안이 될 뿐만 아니라 저출산 문제를 해결하는 정책으로도 의미가 있다. 잘 알려진 것처럼 나는 아이 돌봄 시스템에 관심이 많다. 시장이 되기 전에도 아내와 함께 베이비시터를 해본 적이 있고, 지금도 업무시간 외에 1주일에 적어도 2시간 이상 아이를 돌보며 시간을 보낸다. 손녀를 돌보기 위해 휴가를 쓰는 것도 마다하지 않는다.

그럴 때마다 느끼는 것은, '아이 키우는 일은 정말 쉽지 않다'는 것이다. 내가 아들을 키우던 시절보다야 나아졌다고는 하지만 아이를 둔 맞벌이 부부의 삶은 말 그대로 '육아전쟁'이다. 아이를 낳은 맞벌이 부부가 결혼기념일을 맞아 오붓하게 외식을 즐기는 것은 꿈같은 이야기다. 동반 외출이라도 하는 날이면 아이를 챙기느라 제대로 밥을 먹기는커녕 행여나 아이가 식당에서 큰 소리로 울지는 않을까 노심초사하기 일쑤다. 아이를 돌봐줄 사람이 없어 휴가를 사용해야 하는 일이 반복되고, 결국 일을 잠시 쉬거나 그만두는 부모도 많다. 아이를 한 번 키워본 적이 있는 할아버지인 내가 봐도, 아이를 키울 수 있는 여건이 만족스럽지 않은데 처음으로 아이를 키워보는 젊은 부모들은 얼마나 힘들까 싶다.

현재 정부의 출산정책을 말하자면 '돈을 줄 테니 아이를 낳아 달라'는 것이다. 부부가 아이를 낳을지 말지를 결정하는 것은 출산장려금이 아니라 아이를 키우기 좋은 환경이다. 주말이나 야간에 긴급하게 아이를 맡길 수 있는 곳이 있고,

아이가 잘 자랄 수 있는 마을이면 얼마나 낳기 좋을까

부모가 출근해 있는 동안 아이 혼자 통학을 해도 안심할 수 있는 환경이라면 낳지 말라고 해도 낳을 것이다.

코로나19 상황 속에서 갑작스러운 돌봄 공백을 경험하면서 공동육아에 대한 관심이 높아지고 실제로 이웃들이 모여 아이들을 함께 돌보고 서로 돕는 일이 많아졌다. 등하원은 물론 급한 일이 있는 부모는 아이를 잠시 이웃에 맡기고 외출하기도 하고, 아예 아파트 단지 내 공용공간을 돌봄 장소로 활용하는 곳도 있다. 은퇴했거나 경력 단절된 이웃 주민이 선생님이 되어 전문교육 프로그램도 운영한다. 공동육아는 내 아이를 맡기고 다른 집 아이를 돌봐주는 것을 넘어 우리 아이들을 마을이 함께 키운다는 점에서 마을교육공동체와 결국 같은 맥락이다. '한 명의 아이를 키우려면 온 마을이 필요하다'는 아프리카 속담처럼 마을이 아이들을 공동으로 키워가고 있는 셈이다.

우리 민족의 정신과 뿌리에는 '우리'가 있다. '모두의 문제는 모두가 푼다'라는 격언도 있다. 마을교육공동체에는 협동과 공동체적 의미가 함축되어 있고, 이것은 단순히 교육 공간을 학교에서 마을로 확장하는 것 이상의 의미이다. 마을교육공동체의 중심에는 사람과 우리가 있다. 조금 더디더라도 서로에게 배우고 서로 성장하면서 모두 행복한 도시가 되기를 바란다.

중요한 건
환경이야

일단 부모가 되면 양육방식과 교육 환경, 가족에 관해 많은 고민하게 된다. 모든 부모는 자녀가 좋은 환경에서 성장하기를 바라며, 각 도시들은 저마다의 경쟁력을 앞세워 아이 키우기 좋은 도시로 보이기 위해 열을 올리고 있다. 대체 어떤 환경이 아이를 키우기 좋은 환경이길래 이렇게들 난리일까? 공부하는 분위기가 잘 조성되어 있어 학군이 좋은 동네? 등하굣길이 안전한 지역? 아니면 아이들이 마음껏 뛰어놀 수 있는 자연이 있는 한적한 마을? 선택지는 많겠지만 어느 하나가 정답이라고 할 수 없다.

아들 부부는 신혼 때 고성에서 살다가 아이가 태어나면서 속초로 이사를 했다. 아들의 근무지는 고성이었지만 속초로 이사를 간 이유는 다름 아닌 병원 때문이었다. 아이를 키우는 집이라면 다 그렇듯이 한밤중 고열에 시달리거나 심하게 체해 병원을 가야 하는 응급상황이 발생할 때가 있다. 예측할 수도 없는 일이라, 초보 부모에게는 이때만큼 두려운 일도 없을 것이다.

아들 부부도 그랬다. 고성에서는 응급상황이 발생하거나 전문적인 진료를 받으려면 차로 1시간가량 걸리는 인근 속초나 강릉까지 가야 했기 때문에, 보육여건이 더 나은 속초에 사는 건 어쩔 수 없는 선택이었다. 아들 부부에게 아이 키우기 좋은 환경의 기준은, 생활에 필수적인 인프라를 가까이서 누리는 것이었다.

아들 부부의 둘째 아이를 반 년 가량 우리 부부가 화성에서 돌봐준 적이 있다. 그동안 속초와 화성을 오가며 꽤 자주 보긴 했지만 할아버지 집에 적응해 잘 놀고 있는 손녀가 그렇게 귀여울 줄은 몰랐다. 퇴근하고 나서는 손녀가 웃는 걸 보고 있는 시간이 반, 그런 손녀를 보고 내가 웃는 시간이 반이었으니 말이다. 말 그대로 '손녀바보'가 됐다. 둘째 손녀와 함께 살다 보니 첫째 손녀까지 우리 집에 머무는 시간이 점점 많아지기도 했다. 흔히 말하는 중년육아를 하던 시기였고, 이것은 내 아이를 키울 때와는 또 다른 경험이었다.

어린 시절의 기억은 불현듯 떠오르는 소중한 추억이다. '언젠가 할머니, 할아버지랑 놀았던 기억이 나겠지'하는 마음에 틈날 때마다 여기저기 많이 데리고 다녔다. 공룡알 화석지에 가서 생태체험 프로그램을 들었고, 즐겁게 뛰놀 수 있는 어린이문화센터와 새로 조성된 놀이터에도 손녀와 함께 전부 가봤다. 머무는 시간이 길어지자 아이가 원하던 발레학원도 등록해 줬다. 시골 소도시에 살았던 손녀에게 도시에 있는 새로운 것들은 별천지처럼 느껴졌나 보다.

"여긴 키즈카페도 있고 발레학원도 갈 수 있잖아."

할아버지 집에 온 지 몇 개월이 지나자, 마침내 자기 집보다 할아버지 집이 더 좋다고 했다. 아이에게는 발레처럼 자기가 원하는 것을 배울 수만 있으면 좋은 환경이었던 것이다.

아들을 키우던 때나 손녀를 돌봐주던 요즘이나, 아이가 성장하기 좋은 환경에 대한 내 생각은 변함이 없다. 양육에 있어 환경은 매우 중요하고, 어떤 환경이든 그 속에서 아이가 자발적으로 변화와 발전을 느끼고 실행할 수 있는 곳이어야 한다는 것이다. 아이를 키우는 환경의 중요성을 명확하게 이해하기 위해서는, 유전과 환경이 발달에 미치는 영향에 대해 우선 생각해 봐야 한다. 나는 본래 타고나는 유전과 운명이 95%를 결정한다면, 나머지 5%는 스스로의 노력과 환경적 요인이 만들어 내는 것이라고 생각하는 사람이다. 95%의 유전과 5%의 환경 사이의 상호작용이 딱 맞았을 때 에디슨, 아인슈타인처럼 인류의 문명과 문화를 발전시키는 천재가 나올 수 있다고 믿는다.

환경이 자녀교육에 강력한 영향을 미친다는 것은 헝가리의 교육심리학자 라즐로 폴가^{Laszlo Polgar}가 역사상 가장 놀라운 교육 실험을 통해 증명했다. 라즐로는 "천재는 태어나지 않는다. 다만 교육받고 훈련될 뿐이다"라는 생각이 확고했다. 선천적인 재능에 대해서는 완전히 부정했으며, 어떤 분야든 적절한 환경에서 계획적으로 연습하고 훈련하면 천재가 만들어질 수 있다고 믿었다.

그는 이를 시험에 보고 싶었고, 아내 클라라는 기꺼이 그와 한배를 타기로 했다. 아이들은 아직 태어나지 않았지만, 교사였던 클라라 역시 적절한 훈육이 이뤄진다면 누구든 자신의 기술을 발전시킬 수 있다고 믿었다. 그는 이 실험에 적당한 분야로 체스를 선택했다.

부부는 자녀들을 체스 영재로 길러내기 위해 당시 헝가리에서 드물었던 홈스쿨링을 시작했다. 온 집안을 체스 관련 서적들과 유명한 체스 기사들의 사진으로 가득 채웠으며, 무엇보다 천재성을 이끌어내는 가장 큰 힘이 '동기유발'에 있다고 보고 체스에 대한 호기심을 자극하는 데 집중했다. 그는 딸 앞에서 재미있게 체스를 두는 모습을 보여주면서도 딸이 체스 말을 만지면 '이건 네가 좀 더 커야 할 수 있는 것'이라며 떼어냈다. 시간이 지날수록 호기심이 커진 딸은 아빠가 하고 있는 체스를 해보고 싶어서 울기까지 했다고 한다.

라즐로의 실험 결과는 놀라웠다. 첫째 딸 수잔 폴가는 세계여자체스선수권대회에서 4회 우승을 했고, 둘째 딸 소피아 폴가는 1986년 세계여자체스선수권대회에서 우승했다. 그리고 셋째 딸 주디트 폴가는 1991년 15살이라는 나이로 역사상 남녀를 통틀어 최연소 체스 그랜드 마스터가 됐다. 라즐로는 좋은 환경을 통해 세 딸을 모두 우승자로 키워냈고, 특히 막내딸은 세계 최연소 그랜드 마스터이자 세계 10위권 안에 들어간 최초의 여성 선수, 그리고 이후 27년 동안이나 세계 1위 여성 선수 자리를 지키는 역사를 만들었다.

라즐로의 실험은 양육 방식과 환경이 실제 자녀의 성장과 지능 발달에 얼마나 많은 영향을 미치는지 보여준다. 일본 오사카 대학의 야기 다케시 박사 또한 "유전자가 행동을 규정하는 것은 분명하지만 그 유전자가 어떻게 작용하느냐는 환경에 달려 있다"라고 말했다. 유전과 환경은 개개인마다 조금씩 다르지만, 결국 인간은 환경과의 역동적인 상호작용의 결과가 만들어내는 산물이다. 아주 작은 변화라도, 환경이 자녀의 성장에 미치는 영향은 매우 크다.

자신이 속한 주변 환경이 달라질 때 행동이 달라진다는 것을 보여주는 예시는 많이 있다. 그중에서도 미국의 범죄학자 제임스 윌슨과 조지 켈링이 발표한 '깨진 유리창의 법칙'은 주변 환경이 사람에게 미치는 영향을 아주 잘 설명해 주고 있다. 이 이론에 따르면 한 건물의 깨진 유리창을 그대로 하나를 방치하는 것만으로도, 사람들로 하여금 그 환경이 아무렇게나 사용해도 된다고 생각하게 만든다고 한다. 무관심 속에 악화된 환경은 다시 그에 속한 사람들에게 나쁜 영향을 미친다는 이론이라고 할 수 있다.

즉, 무심히 지나칠 수 있는 주위의 사소한 요인이 사회에 많은 영향을 미칠 수 있다는 것이다. 교육학과 심리학 분야에서 고전으로 꼽히는 '마시멜로 실험'에 대한 다른 해석도 환경의 중요성을 잘 보여준다. 1960년 당시 아이들에게 마시멜로를 주고 이를 먹지 않고 15분 동안 기다리면 하나 더 주는 실험이었는데, 이때 기다린 아이들이 나중에 성인이 되었을 때 더 나은 학업 성적과 건강을 가졌다고 기록하며 자제력과 의지가 매우 중요하다고 강조했다.

그런데 최근 미국 뉴욕대학과 캘리포니아 어바인대학의

횡단보도 같은 작은 것도 중요하다

공동연구팀의 마시멜로 실험은 전혀 다른 연구 결과가 나왔다. 먼저 연구진은 인종 및 가정환경 등 요건을 다양하게 반영해 전체 실험 대상 유아 918명 중 554명은 어머니가 고등교육을 받지 않은 가정의 어린이로 선정했다. 또한 마시멜로만 제공한 이전 실험과는 달리 쿠키와 초콜릿 등 아이들이 좋아하는 간식을 앞에 놓고 시간도 15분의 절반인 7분을 기다리게 했다.

실험 결과, 연구진은 엄마의 학력에 따라 아이들이 참을성의 차이를 보였다고 결론을 내렸다. 엄마가 대졸 이상의 학력인 경우에는 68%가 7분을 참았지만, 대학을 졸업하지 않은 엄마를 둔 아이들은 그 비율이 45%밖에 되지 않았다는 점에 주목했다. 특히 가정환경이 어려운 아이일수록 참을성 없이 간식을 먹는 비율이 높았다.

또한 장기 추적해 본 결과 아이들의 인내심 정도와 청소년기의 학교생활 및 학업성적 등에는 거의 아무런 관계가 없는 것으로 나타났다. 이에 대해 연구진은 마시멜로를 먹지 않고 참은 학생들이 나중에 우등생이 되거나 좋은 직장을 얻는 것도 참을성 덕분이 아니라 원래 좋은 가정환경에서 자라 좋은 교육을 받은 덕분일 가능성이 크다고 주장했다. 환경이 아이들의 행동에 직·간접적인 영향을 미친 것이다.

아이들의 안전을 위한 노력은 아무리 해도 부족하지 않다

환경은 우리가 살면서 상호작용하는 모든 것을 의미한다. 어떤 환경에 존재하느냐에 따라 삶은 얼마든지 바뀔 수 있다. 치안이 철저히 관리된 도시는 밤에도 조용하고 안전해 늦게까지 공부하고 귀가해도 걱정이 없다. 건물들 사이로 녹지가 많은 도시는 학생들이 공부하는 틈틈이 머리를 식힐 기회가 많고, 체육시설과 문화예술 프로그램이 많다면 공부 외의 시간을 건전하고 건강하게 보낼 수 있다.

이는 화성시가 안전하고 쾌적한 환경 조성을 강조하는 이유이기도 하다. 특히 어린이의 안전, 보행자 중심의 안전한 도시를 만들기 위해 다방면의 노력을 기울이고 있다. 아빠들이 야간 도보순찰을 통해 동네를 지키는 새로운 화성형 치안시스템 '우동빠 화성안심이'가 대표적이다. '우리 동네 아빠'의 줄임말인 '우동빠'는 만 45~65세 아빠들로 구성되어, 연중 365일 오후 8시부터 자정까지 3인 1조로 취약지역 도보순찰과 범죄 예방, 도로·시설물·조명 등 위험요인 발굴 및 개선 등의 역할을 담당하고 있다. '매일 지나가는 길인데 누군가의 보호가 필요할까'라고 생각할 수도 있겠지만 조심해서 나쁠 게 없다. 그리고 안전한 환경이라는 인식은 범죄 예방 효과가 있을 뿐만 아니라 삶의 질을 향상시키고 사회 환경의 문제점을 개선에도 도움이 된다. 건강하고 안전한 환경 속에서 모든 아이들이 행복하게 자라길 꿈꾼다.

무상교통

몇 해 전 영하의 날씨에 매일 4.5*km*를 걸어 학교에 가는 '눈송이 소년'의 사연을 기사로 접한 적 있다. 매서운 추위를 뚫고 1시간 넘게 걸어서 학교에 도착한 사진 속 9살 소년의 모습은 머리와 눈썹은 온통 눈으로 뒤덮여 서리가 맺혀 있었고 볼은 빨갛게 상기되어 있었다. 소년의 담임교사가 찍은 이 사진은 '눈송이 소년'이라는 별명으로 소셜미디어를 통해 전 세계에 퍼졌다.

통학이 힘든 눈송이 소년의 사연은 '이동권'이 보장되지 않아 '학습권'이 침해를 받고 위태로워진 사례다. 그만큼 이동권은 인간의 자유를 보장하기 위한 가장 기본적이고 중요한 권리이며, 이동권을 보장받지 못한다면 다른 권리들도 보장받기 어려워진다. 자유롭게 이동할 수 있는 것은 매우 중요한 사안이다.

'교통복지'란 교통약자에게 교통수단 및 교통시설에 대한 접근에 있어서 신체적, 지역적, 경제적 차별을 최소화하고 보편적인 이동권을 보장하는 것을 의미한다. 「교통약자의 이동편의 증진법」 제2조에 따라 '교통약자'는 '장애인, 고령자, 임산부, 영유아를 동반한 사람, 어린이 등 일상생활에서 이동에 불편을 느끼는 사람'을 말한다. 고령인구 비중이 급격히 증가하고 출산율이 하락하는 가운데 노인과 임산부에 대한 배려 정책이 다수 시행되고 있으며, 장애인의 대중교통 이용 편의에 대한 논의도 지속되고 있다. 사회 양극화 해소를 위한 포용정책을 통해 교통약자에 대한 관심이 높아지고 있는 것이다. 문제는 교통약자법을 포함한 포괄적 교통복지 논의에서 청소년이 소외되고 있다는 것이다. 청소년은 대중교통 이외의 이동 수단이 없음에도 불구하고 말이다.

2020년 6월 정의당 경기도당 청소년위원회는 화성시의 무상교통 도입을 환영하는 성명을 발표한 바 있다. 지지 정당과 무관하게 정책의 수혜 당사자인 청소년들이 직접 발표한 성명이라는 점에서도 적지 않은 의미가 있었지만 교통약자로서 청소년 이동권 증진의 필요성이 더욱 절실히 느껴지는 내용이었다. "청소년 시민은 신체·사회적 여건에 의해 경제력을 갖기 어려워, 친권자에게 경제적으로 의존하는 경우가 대부분이다. 더군다나 자가용을 가질 수 없는 청소년에게 대중교통은 거의 유일한 중장거리 이동 수단이다. 많은 청소년이 통학이나 여가활동을 이유로 대중교통을 자주 이용하며, 이에 따라 교통비가 청소년에게 부담으로 다가오는 비중도 커질 수밖에 없다"라는 그들의 말에 동의하지 않는 사람은 없을 것이다. 화성시가 만 7세부터 18세까지의 청소년을 대상으로 무상교통을 먼저 시행한 것도 대중교통 이외의 이동 수단이 없는 청소년을 교통약자로 구분했기 때문이다.

무상급식이 부유한 가정의 아이들까지 혜택을 주는 게 정당한가를 놓고 이견이 있을 수 있는 사안이었다면, 무상교통은 이야기가 좀 다르다. 먼저 무상교통은 경제적 여유가 있는 사람은 버스를 타지 않는다는 점에서, '부의 재분배' 효과가 있다.

구체적인 예를 들어보자. 세금으로 수영장을 지으면, 이용하는 시민 1명당 평균 60만 원에서 80만 원씩 지원하는 셈이 된다. 그런데 수영장을 다닐만한 사람은 시간적으로나 경제적으로 어느 정도 여유가 있는 사람이다. 즉, 약자가 아니라 강자를 위한 정책이다. 게다가 수영장과 같은 대규모 체육시설은 집값 상승에도 영향을 미쳐 수영장 인근에 사는 사람들의 집값이 수영장에서 멀리 떨어진 곳에 사는 사람들의 집값보다 당연히 더 비싸다. 수영장이 집 근처에 있으니 걸어가면 돼서 교통비도 들지 않는다. 수영장과 멀면 멀수록, 교통소외지역에 사는 사람일수록 더 많은 교통비를 소비해야 하고 이동에 더 많은 시간을 할애해야 한다. 이래저래 강자에게 더 유리한 조건임에 틀림없다. 수영장을 예로 들었지만 막대한 예산이 투입되는 도서관, 문화센터 등 대부분의 공공시설 모두 별반 다르지 않다. 그렇다면 과연 수영장을 짓는 게 합리적일까? 같은 세금을 들여 교통비를 지원하는 게 합리적일까?

시민으로서 행정을 혜택을 누리지 못하는 이들을 위해 예산을 집행해야 한다는 것이 나의 시정철학이다. 행정은 돈을 버는 게 아니라 시민을 위해 써야 하는 데, 각종 행사나 문화체육시설을 만들더라도 정작 필요하거나 어려운 사람들이 그만큼의 혜택을 누리지 못하는 문제에 대한 고민이 많았다. 따라서 불평등과 양극화를 해소하는 방향으로 현실적인 정책방안을 마련하기 위해 노력했다. 무상교통을 도입한 이유는 여기서 출발했다. 물론 대중교통을 이용할 수밖에 없는 약자들에게 교통비를 지원하는 내용이다 보니 관련 기관과 협의도 큰 무리 없이 이루어졌다.

시작에는 모두가 반신반의했지만, 어느덧 화성시 무상교통이 도입된 지 1년이 넘었다. 화성시 무상교통은 청소년뿐만 아니라 모든 시민들의 이동권을 보장하는 한국판 뉴딜 정책이다. 불균형 해소를 위한 최소한의 정책으로 인구 100만 명을 앞둔 대도시에서 무상교통을 시행하는 것은 화성시가 처음이었다. 도입 초기 만 7세부터 18세까지였던 대상은 만 65세 이상 어르신과 만 19세부터 23세 청년까지 확대되며 총 인구의 29%가 무상교통을 이용할 수 있게 됐고, '대한민국 지방자치 정책대상'에서 최우수상을 받았다. 주위의 관심도 뜨겁다. 수도권 최초였던 화성시 무상교통을 벤치마킹하려는 지자체들의 관심이 이어졌다. 서울시 광진구, 경기도 안산시, 오산시, 안성시, 경남 고성군 등 많은 지자체에서 화성시 무상교통 정책을 벤치마킹하고 있고, 일부 시군에서는 이미 무상교통을 시행하고 있다.

무상교통 1주년을 맞아 시가 아주대학교에 의뢰한 〈화성시 무상교통사업 성과평가 용역 중간보고서〉에 따르면, 화성시 무상교통 시행으로 연간 약 86억 원의 편익이 발생한 것으로 나타났다. 코로나19로 인해 학교 수업이 온라인으로 전환되면서 학생들의 대중교통 이용이 많이 감소했지만 화성시의 청소년 대중교통 이용 인원수 증가율은 경기도 내 인구 규모가 비슷한 타 도농복합도시보다 약 50.7% 높게 나타났다. 아동·청소년 이용자를 대상으로 설문조사를 했더니 993명의 응답자 중 86.7%가 무상교통에 만족한다고 답했고, 화성시에 대한 긍정적인 인식 변화도 84.6%로 조사됐다. 더욱이 이용객 중 54.3%는 이전에 버스를 이용하지 않았다고 답해, 앞으로 무상교통이 청소년기부터 대중교통 이용습관을 형성하는 데에도 도움이 될 것으로 기대하고 있다.

이뿐만 아니라 무상교통으로 교통비 부담을 덜어낸 어린이 청소년의 지출이 오히려 33.1% 증가했다. 늘어난 지출의 92.4%는 관내에서 소비됐다. 기존에 경제성의 논리로 운영되던 대중교통을 시민 이동권 확보로 바라보자 모든 게 달라졌다. 무상교통이 이동권 보장, 그 이상의 가치를 실현하고 있는 것이다.

무상교통으로 한 달에 한 번 갈 도서관을 일주일에 두세 번 가게 됐다면 충분히 제 역할을 하고 있다고 본다. 시장이자 행정가로서 처음이나 지금이나 똑같은 바람이 있다면 '아이들이 살기 좋은 도시'를 만드는 것이다. 아이들이 행복해야 화성시의 정주 여건이 좋아진다고 생각한다. 효율적인 예산의 사용, 시민의 이동권 보장 등 무상교통을 시행한 이유를 길고 상세히 설명했지만, 근본적인 목적은 우리 아이들이 화성 시내에서만큼은 가고 싶은 곳 어디든 자유롭게 다닐 수 있도록 해주기 위함이다. 흔한 말이 되기는 했지만 아이들이 살기 좋은 도시야말로 모두가 살기 좋은 도시인 것이 분명하기 때문이다.

진화하는
도서관

　나는 도서관 구경하는 것을 좋아한다. 책을 읽거나 빌리지 않더라도 책장에 책이 정리된 모습을 보면 마음이 편해지고, 도서관에 온 사람들을 만나는 게 좋아서 전 세계 내로라하는 도서관을 찾아다니기도 했다. 자주 가고 좋아하기야 하지만 전문가 수준은 아니다. 도서관 탐방꾼 정도로 불리면 적당할 것 같다. 그렇게 다닌 곳은 전 세계 20여 곳이 넘는다.

　국제 도서관 협회 연맹International Federation of Library Association, IFLA 이 2019년 세계 최고의 공공도서관으로 선정한 핀란드 헬

싱키의 오디^{Oodi} 중앙도서관도 그중 한 곳이다. 핀란드에서 730번째, 헬싱키에서 37번째로 탄생한 오디 중앙도서관은 헬싱키 시내 중심지에 위치하고 있는 공공도서관이다. 핀란드 독립 100주년 기념사업의 가장 큰 프로젝트로, 2018년 12월 도서관이 개관하기까지 무려 20여 년이 걸렸다.

유리로 된 커다란 통창과 핀란드산 전나무를 활용한 아름다운 외관, 5,600평의 거대한 규모만으로도 충분히 놀라웠지만, 그보다 더 놀라웠던 것은 도서관의 자유로운 분위기였다. 1층에는 유모차를 끌고 온 젊은 부부뿐만 아니라 다양한 사람들이 있었다. 도서관은 크게 3개 층으로 구성되어 있는데, 층마다 각자의 콘셉트로 꾸며져 있으면서 다른 기능을 갖춘 복합문화공간으로 활용되고 있다.

1층 로비에는 카페, 레스토랑, 다목적홀, 영화관이 있어 모임과 만남을 위한 장소로 유용하게 쓸 수 있다. 컴퓨터실, 쿠킹 스튜디오, 플레이스테이션 게임방, VR 체험공간, 레코딩실, 회의실 등을 갖춘 2층은 창작활동을 위한 공간으로 활용된다. 3D 프린터, 재봉틀, 커팅기 등 도서관과 어울리지 않을 법한 다양한 장비들도 구비되어 있는데, 이 공간이야말로 오디 중앙도서관의 특별함을 담고 있다. 이곳에서는 게임을 즐기는 아이와 재봉틀을 돌리는 학생, 미팅하는 젊은이들을 마주치는 게 어색하지 않다.

3층에는 약 10만 권의 책이 비치되어 있고, 전통적인 도서관의 역할을 한다. 책의 천국$^{Book Heaven}$이라고 명명된 자료실에는 음악, 예술, 디자인, 여행 등 섹션에 따라 다양한 책이 구비되어 있다. 책장의 높이는 대부분 성인 키보다 낮게, 아동용 도서 코너의 경우 아이들 눈높이를 고려해 그보다 더 낮게 설계되어 있다. 유리창 너머로 보이는 헬싱키 시내 전망과 아이들이 신발을 벗고 놀 수 있는 카펫, 그 가운데 놓여 있는 큼직하고 푹신한 폼 블록을 보고 나니 1층에 유모차가 그렇게 많았던 게 이해가 됐다. 아이와 어른의 공간이 따로 구분되어 있지 않은 곳에서 아이들이 웃고 떠들며 자유롭게 대화하는 모습만 보아도, 오디 중앙도서관은 이미 지식과 정보를 제공하는 공간의 한계를 넘어섰다는 것을 알 수 있었다.

우리나라 도서관은 어떨까? 수많은 도서관을 다녀봤지만, 외국의 도서관 어디에도 우리나라와 같은 대규모 열람실을 찾아보기는 어렵다. 이용자가 많거나 아주 잘 돼 있다고 소문이 난 도서관들의 특징은 편안하고 부담이 없다는 점이다. 집에서보다 더 편하게 책을 읽을 수 있도록 1~2인용 책상이나 소파가 놓여 있는 경우가 많다. 심지어 거의 누워서 책을 볼 수 있는 곳도 있다. 주말이나 쉬는 날 온 가족이 언제든 편하게 찾을 수 있는 분위기와 복합문화공간으로서 다양한 콘텐츠를 가지고 있는 것도 한몫한다. 칸막이가 설치된 큰 열람실 책상을 지나면서 뒤꿈치를 살짝 들고 정숙해야 하는 줄 알았던 도서관이, 외국에서는 식사와 음료를 즐기고 이웃과 소통하는 공간이자 문화를 공유하고 배움을 나누는 종합 공간으로 다양하게 활용되고 있다.

다행히도 최근 우리나라에도 특색 있고 이색적인 도서관이 많이 생기고 있다. 시끌벅적한 쇼핑몰 한가운데 위치한 삼성동 별마당도서관이나 미술관을 그대로 옮겨놓은 듯한 의정부 미술도서관, 생태체험이 가능한 광교푸른숲도서관 등이 대표적이다. 댄스 연습실이 있거나 음악 공연장이 있는 도서관도 있다. 이런 도서관들은 책과 함께 다양한 서비스를 제공하는 동시에 누구나 자유롭게 들릴 수 있는 도심 속 휴식장소로 모두에게 사랑받는 명소가 됐다. 게다가 약간의 소음이 독서에 더 도움이 된다는 연구들도 있으니, 이러한 도서관의 변화가 매우 반가울 뿐이다.

내가 오디 중앙도서관에 관심을 갖고 중요하게 여기는 이유가 하나 더 있다. 오디 중앙도서관에는 수많은 시민들의 목소리를 반영하기 위한 헬싱키의 노력이 고스란히 담겨 있기 때문이다. 헬싱키 중앙도서관 건립 프로젝트는 2008년 광범위한 조사와 함께 시작됐다. 먼저 전 세계 우수한 건축

가들의 544개 디자인을 공모했고, 모든 디자인을 공공장소에 공개해 시민투표를 통해 시민들이 직접 선택할 수 있도록 했다. 전문가와 도서관 담당자들은 도서관 서비스에 대해 브레인스토밍을 하고 세부사항을 협의했다. 도서관 내 어떤 부대시설을 설치할지에 대해 시민과 논의하는 공청회를 열었고 '오디Oodi'라는 도서관 이름 역시 시민 공모 과정을 거쳐 결정됐다. 이렇게 준비부터 모든 과정에 시민이 직접 참여해 함께 한 덕분에 개관과 동시에 세계 최고의 도서관이라는 찬사를 받을 수 있었던 게 아닐까. 오디 중앙도서관은 시민의 알 권리와 지적 자유를 보장하는 동시에 '시민 참여'의 관점에서도 중요한 가치가 있는 것이다.

도서관 건립에 이용자인 시민의 의견을 반영한다는 오디 중앙도서관의 사례가 당연하고 쉬운·일처럼 들리지만, 막상 실제 행정 현장에 적용하기란 쉽지 않다. 일단 어떤 정책 결정이든 시민참여가 이뤄지게 되면 결정하기 어렵고 시간도 많이 걸린다. 그러나 많은 시민이 적극적으로 참여하고 그들이 주체가 되어 성공을 거둔다면, 이 과정에 참여한 것에 대해 자부심을 갖게 된다. 도서관도 마찬가지다.

화성시도 도서관 건립 기본 단계부터 시민이 참여하여 이용자 중심 협의와 의견을 반영하는 도서관 건립 모델을 구축하고 있다. 신규 도서관 건립과 관련하여 도서관의 규모, 용도, 공간 구성, 특화 주제 등을 결정하는 과정에 지역 주민이 직접 참여할 수 있도록 하고, 다양한 의견과 아이디어가 설계에 반영될 수 있도록 했다. 지역 주민 19명으로 2019년 6월 구성된 반월도서관 건립추진 위원회는 도서관 개관을 위한 기본계획부터 공간 구성, 테마, 프로그램까지 전반적인 사항을 직접 논의하고 결정하는 역할을 맡았다. 이들은 지역 발전을 위한 봉사 성격으로 무보수로 활동하고 있다. 2019년 리모델링을 시작해 개방형 복합문화공간으로 거듭난 삼괴도서관 리모델링 과정에도 시민의 아이디어가 반영될 수 있도록 했고, 2021년 개관한 '왕배푸른숲도서관'의 명

도서관은 즐겁게 올 수 있는 공간이 되어야 한다

칭 또한 시민 투표로 결정했다. 이렇게 도서관의 건립 기본 단계부터 자신의 의견을 제안하고 의사결정에 참여한 사람은 그렇지 않은 사람보다 도서관에 더 큰 애정을 가질 수밖에 없다.

오디 중앙도서관이 있는 핀란드에 관한 이야기를 좀 더 해보자면, 핀란드의 도서관은 1928년 제정된 도서관 법^{Finish Library Act}을 바탕으로 운영된다. 도서관 법은 도서관 서비스가 무료로 제공되어야 한다는 기본 원칙과 지방정부의 도서관 활동에 대한 국가의 지원을 제도화한 것인데, 오디 중앙도서관 건물이 지어지는 동안 도서관 법 개정이 동시에 진행되고 있었다. 새로운 도서관 정책은 '교육을 통해 사회적 평등을 발전시키고자 한다'는 개념에서 출발했다. 80쪽에 달하는 도서관 설계 공모요강에도 "시민들 간의 디지털 격차를 줄이고 정보가 소외되는 것을 방지함으로써 평등 도모를 위해 힘쓴다"라는 말이 명시되어 있었을 정도다. 결국 도서관은 시민의 알 권리와 지적 자유를 보장하는 동시에 기회의 균등, 시민의 참여라는 관점에서도 중요한 역할을 하는 것이다. 그리고 이런 도서관은 지역 공동체 발전의 기반이 된다.

요즘 도서관은 기존의 도서관 기능에서 확장된 새로운 가치를 담고 있다. 문화체육관광부에서 발간한 「2019 공공도서관 건립·운영 매뉴얼」에서는 이를 '프로그램 복합화'라고 표현하고 있다. 즉 프로그램의 복합화에 의한 도서관 기능의 확장은 이미 보편적으로 도서관에 보급되어 수용되고 있는 일반적인 현상이다.

그렇다면 좋은 도서관은 어떤 도서관일까? 먼저, 누구나 쉽게 갈 수 있는 '접근성'이 중요하다. 도서관의 접근성이 좋아야 불특정 다수, 많은 시민이 이용할 수 있다. 도시의 교통 시설과의 연결성을 매우 중요시하고, 행정 및 사회복지, 문화센터 등 공공시설과의 적극적인 융합을 모색하는 것 모두 접근성을 높이기 위한 노력의 일환이다. 지식과 정보에 접근이 편리해지면 도서관 이용 기회가 늘어나고 지역 또는 계층 간 정보격차도 줄일 수 있다.

둘째, 누구나 재밌게 느낄 '다양성'을 포용해야 한다. 기술의 발달, 정보 매체의 다양화 등으로 이용자의 삶의 방식과 정보 습득 및 도서관 이용방법 등이 급변하고 있다. 이에 대응하기 위해서 도서관은 지속 가능한 비전을 가지고 있어야 한다. 그뿐만 아니라 새로운 아이디어와 관점을 수용하고 다양한 분야에서 여러 사람들과 협력하려는 노력이 필요하다. 결국 다양성은 도서관 프로그램의 내용과 공간 활용 모두에 영향을 미치기 때문이다.

셋째, 지역 사회 커뮤니티를 강화시킬 수 있어야 한다. 도서관은 유익한 프로그램을 제공할 뿐만 아니라 지역주민 간 소통을 위한 공간을 제공함으로써 사회적 이해와 연대 형성에 기여한다. 특히 지역 고유의 문화적, 역사적 자료를 공유하며 공동체 복원과 사회통합을 실현을 위한 의미 있는 공간이 되기도 한다.

우리가 꿈꾸는 도서관은 단순히 지식을 모으고 자료를 제공하는 장소가 아니다. 누구나 도서관을 통해 도전할 수 있는 용기를 얻고 도서관이 그 자체로 하나의 문화가 되어 창의력을 만드는 공간이자 소통의 공간이 되기를 바란다. 그렇기 때문에 도서관을 지역 주민이 봉사할 수 있는 공간으로 만들기 위해 많은 노력을 기울이고 있다. 단순히 책을 빌려주는 공간을 넘어 아이들이 공연을 하고 경력단절 여성들은 교육 프로그램을 통해 자신을 재능을 이어갈 수 있는 공간, 중장년층은 인생의 경험을 바탕으로 아이들에게 새로운 재능기부를 할 수 있는 공간으로 진화하고 있는 것이다.

화성시에는 공립 작은도서관 7개소, 사립 작은도서관 195개소가 있다. 전국 시군구 단위에서 가장 많은 수로, 그 중 사립 작은도서관은 연평균 20% 신규 증가하고 있다. 내가 시장이 되고 나서 중요한 정책 중 하나로 추진한 것이 작은도서관을 많이 만들어 마을의 문화 허브 역할을 하도록 하는 일이었다.

도서관에서 한 아이가 책을 고르고 있다

    대형 도서관이 있었지만 대형 도서관은 일부러 시간을 내서 찾아가야 한다는 점에서 쉽게 이용하기 어려운 만큼 물리적·심리적으로 가까운 작은도서관 개수를 늘리자는 것이었는데, 결론적으로 매우 잘한 일이었다. 주거·생활권 내 근거리 독서환경이 조성되니 책 읽는 시민이 많아지는 것은 당연한 일이다. 도서관과 이용자가 늘어나는 만큼 체계적이고 효율적인 도서관 운영 지원 방안이 필요했고 전국 최초로 통합도서관리시스템을 도입하는 계기가 되었다.

    게다가 시에서 건물을 짓던 것에 비해 도서관을 지원하는 것은 예산 측면에서 더 효율적인 사용이 가능했다. 화성시는 이러한 우수성을 인정받아 '2020년 경기도 작은도서관 31개 시·군 정책평가'에서 3년 연속 우수기관으로 화성시가 선정되었다. 전혀 새로운 방식의 도서관도 만들고 있다. 어린이들이 자유롭게 뛰어놀고 어른들은 책과 함께 휴식을 취할 수 있는 복합문화공간으로, 도서관의 무한한 잠재력을 선보일 실험 공간이 될 것이다.

도서관을 방문하지 않더라도 언제, 어디서든 원하는 자료를 쉽게 찾을 수 있는 시대가 됐다. 그러니 디지털 시대의 도서관은 달라져도 괜찮지 않을까. 지금 지구 반대편 오디 중앙도서관에서 아이들은 3D 프린팅을 체험하며 마음껏 뛰어놀고 있고, 도서관에서 요리 콘텐츠를 촬영하는 크리에이터가 있다. 철학과 지역의 개성을 다양하게 조합하면 도서관은 얼마든지 변화가 가능하다. 우리 도서관의 진화가 너무 늦지 않기를 기대한다.

우리 도시
문화예술

"나는 우리나라가 세계에서 가장 아름다운 나라가 되기를
원한다. 가장 부강한 나라가 되기를 원하는 것은 아니다. 내
가 남의 침략에 가슴이 아팠으니, 내 나라가 남을 침략하는
것을 원치 아니한다. 우리의 부력(富力)은 우리의 생활을 할 만
하고 우리의 강력(强力)은 남의 침략을 막을 만하면 족하다. 오
직 한없이 가지고 싶은 것은 높은 문화의 힘이다. 문화의 힘
은 우리 자신을 행복하게 하고, 나아가서 남에게 행복을 주
기 때문이다."

백범 김구 선생이 자신의 독립운동 기록을 써놓은 〈백범

일지〉 가운데 '나의 소원'에 나오는 글이다. 2019년 한 시상식에서 방탄소년단^{BTS}의 멤버 RM이 수상소감에 인용하면서 더 널리 알려지기도 했는데, 최근 몇 년 사이 김구 선생이 그토록 바라던 그 소원이 이루어졌다.

봉준호 감독의 영화 〈기생충〉이 한국 영화 101년 역사상 최초로 아카데미 작품상을 수상한 날은 우리 모두의 마음속에 잊을 수 없는 감동으로 남아 있다. 〈기생충〉은 아카데미 역사상 영어가 아닌 언어로 받은 최초의 작품상인 동시에 칸 황금종려상과 아카데미 작품상을 동시 수상한 역대 세 번째 영화가 되었고, 작품상, 감독상, 각본상, 국제장편영화상을 수상하며 최다 수상작에도 이름을 올렸다. 이 영화 한 편이 수상한 상은 해외에서만 무려 200개, 국내까지 합치면 250여 개에 이른다.

〈기생충〉을 시작으로, 한국에서 만든 넷플릭스 오리지널 시리즈 〈오징어 게임〉은 공개된 지 약 한 달 만에 전 세계 1억 1,100만 넷플릭스 구독 가구가 시청하며 최고의 흥행작 자리에 올랐다. 넷플릭스가 190여 개 국가에서 2억 900만여 가구의 유료 멤버십을 보유하고 있는 것을 고려하면, 넷플릭스를 보는 두 가구 중 한 가구가 〈오징어 게임〉을 시청한 셈이다. 첫 4주 간 시청시간은 16억 5,045만 시간으로, 연 단위로 환산하면 무려 18만 8,400년이 나오는데, 이는 넷플릭스

역사상 영화와 TV 부문 통틀어 압도적인 기록이다. 한국을 세계에 널리 알리는데 앞선 방탄소년단은 기네스 세계 기록만 23개를 가지고 있고, 신곡을 발표할 때마다 자신들의 자체 기록이자 세계 신기록을 경신하며 폭발적인 인기를 증명하고 있다. 한국의 문화, K-컬처가 세상을 즐겁게 만들고 있는 것이다.

영화, 드라마, 음악, 패션, 스포츠, 게임 등 모든 문화예술 분야에 걸쳐 K-컬처가 연일 흥행을 거두고 있고, 세계 어느 곳을 가도 달라진 대한민국의 위상과 국격을 느낄 수 있게 됐으니 국민의 한 사람으로서 생각지도 못한 선물을 받은 느낌이다. 이렇게 훌륭한 예술작품 한 점은 한 사람의 인생을 뒤흔들 영감을 주기도 하지만 도시와 국가의 미래를 바꾸는 힘이 되기도 한다. 나는 그런 강력한 문화의 힘을 믿는다.

시장이 되고나서 문화예술은 큰 고민이자 숙제였다. 화성시는 전국 어디에도 없는 초고속 성장 신화의 역사를 쓰고 있지만 그에 걸맞은 문화기반 시설이 없었다. 공공미술관이나 박물관, 도서관이 없었기 때문에 연계된 교육시설이나 프로그램도 거의 없다시피 했다. 인구 100만 명을 앞둔 만큼 화성시에도 뉴욕현대미술관이나 구겐하임 미술관, 파리의 오르세 미술관처럼 상징적 문화공간이 필요한 시점이었다.

그리고 그 공간에 가장 어울리는 것은 미술관이었다.

그렇다면 미술관을 만들기 위해선 무엇이 필요할까? 제일 먼저 떠오르는 것은 미술관 건축물이겠지만 사실 건물을 세우는 일 자체는 어렵지 않다. 적당한 부지를 골라 공간을 디자인하면 되는 일이다. 그보다 중요한 것은 미술관의 콘셉트와 전시 및 기획 방향이다. 실제로 어느 한 지자체는 공립미술관을 만들었음에도 불구하고 신규 소장품 구입을 위한 예산이 없어, 소장품 구입을 하지 못한 곳도 있다. 지역의 정체성이 담긴 지속 가능한 운영계획이 필요했다.

사람들은 어떤 미술관을 꿈꿀까. 화성시는 젊은 도시다. 화성시의 평균연령은 37.8세로 전국에서 가장 젊고, 영유아와 아동의 수도 18만 5,000명으로 전국에서 두 번째로 많다. 이러한 도시 특성에 맞춰 새로 만드는 화성시립미술관은 현대적이고 혁신적인 컨템포러리 아트와 디자인을 테마로 삼았다. 또한 지속성을 위해 미술관 건립 후 국내외 유명 미술관과 운영 협약을 체결해 시민에게 문화 향유 기회를 제공하고 지역 미술 산업을 육성하는 동시에 공립미술관의 수준을 한 차원 높여 나갈 계획이다.

여행을 하다 보면 문화예술의 중요성을 더 잘 알게 된다. 내가 여행했던 도시들은 저마다 문화예술지수를 높이기 위해 여러 가지 시도를 하고 있었다. 문화예술을 통해 도시를 보다 풍요롭고 생동감 넘치게 만들고, 도시 이미지 개선을 위한 전략으로 문화예술을 활용하기도 한다. 그중 하나가 공공예술 프로젝트를 시행하는 것인데, 많은 시민에게 효과적으로 예술을 접하게 하는 동시에 지역의 관광자원으로도 활용할 수 있기 때문이다.

미국 뉴욕의 원 월드 트레이드 센터One World Trade Center 근처에는 막대풍선을 꼬아 만든 꽃 모양의 조형물이 있다. 현대미술에 관심이 있는 사람이라면 이 작품의 작가가 제프 쿤스Jeff Koons라는 것을 쉽게 알고 있을 것이다. 이 작품의 가치를 정확히 돈으로 환산할 수는 없지만 색깔이 다른 동일한 작품이 2008년에 2,500만 달러, 우리 돈으로 약 281억 원에 팔린 바가 있어 이 설치작품도 비슷한 가격, 혹은 그 이상일 것이라고 예상하고 있다. 거리에서 저명한 작가의 작품을 쉽게 만날 수 있다는 점이 뉴욕을 더욱 매력적으로 만드는 게 아닐까.

화성시는 2020년 11월 코로나19 위기가 한참 진행 중이던 때, 도심 속 현장에서 시민이 작가와 함께 작품을 만드는 시민참여형 공공예술 프로젝트를 진행했다. 위기 극복을 위한 새로운 방안으로 선보였던 'Hug And Peace_얀 바밍Yarn Bombing 인 화성'은 도심 속 공원에 시민들이 직접 뜨개질 한

직물을 설치해 침체된 도시에는 활력을 불어넣고 참가자들과 시민들에게는 협동과 연대, 공동체 회복을 전하는 시민참여 공공미술 프로젝트였다. 섬유 작가 엄윤나와 화성 시민 아티스트 40여 명이 각자의 공간에서 작업 내용과 일정을 공유하며 긴 기간 동안 작업을 진행했고, 많은 시민에게 따뜻한 위로와 희망의 메시지를 전했다.

공공예술 프로젝트에 대한 시민의 관심은 생각보다 높다. 시 승격 20주년 공공미술 프로젝트로 사진작가이자 설치미술가 천경우 작가와 함께 진행한 'Place of Place'에는 시민 600명이 참여했다. 성인 300명, 어린이와 청소년 300명이 참여했는데, 여기에는 화성시에 거주하는 외국인, 다문화가

예술을 하고자 하는 모든 이들에게 응원과 박수를 보낸다

정 등 다양한 연령대와 문화적 배경을 가진 시민이 참여해 도시의 다양성 및 포용성 향상 측면에서도 큰 의미가 있다. 시민들은 하늘에서 내려다본 화성시의 모습을 상상해 보고 도시의 지도를 하나의 선으로 그린 뒤, 자신의 특별한 기억이 담겨 있는 위치를 점으로 표시했다. 그리고 시민들이 그린 지도의 점과 점은 조형물 안에서 서로 연결되고 켜켜이 쌓이게 돼 지도 안에서 주인공이 됐다. 일련의 과정은 자신이 속한 도시의 이미지와 의미에 대해 되새기는 계기가 됐고, 실제로 프로젝트에 참여한 시민들은 작품의 일부에 속하게 되는 특별함뿐만 아니라 "화성시민으로 소속감을 느끼게 됐다"라고 소감을 말했다. 아울러 작가와의 대화, 전시 연계 교육 프로그램을 진행함으로써 미술에 대한 시각과 사고를 확장할 수 있는 동기를 제공하고, 다양한 문화예술을 경험할 수 있도록 했다.

여행지에서 우연히 발견한 작품 한 점이 뇌리에 남아 평생 영감을 주는 원천이 되듯이 내가 매일 생활하는 삶의 공간에서 예술작품을 만나는 일은 일상을 좀 더 풍요롭게 하고 활력을 더한다. 도시는 문화의 산물이며, 문화는 도시에 색을 입히고 감정을 채운다. 문화예술이 삶의 한 부분이 되어 즐겁게 더불어 사는 문화도시를 꿈꾼다,

배우고 또 배우는
평생교육

    평생교육을 이야기를 시작하려면 아내 이야기를 하지 않을 수가 없다. 아무래도 그동안 나보다 몇 배는 더 많은 걸 배웠으니 이쪽 방면에서는 한참 선배다. 지금으로부터 20년 전, 소풍을 가는 아들 도시락 김밥을 더 예쁘게 싸주기 위해 수강했던 이마트 문화센터 '김밥 만들기' 강좌를 시작으로 이미 배웠거나 지금도 배우고 있는 것들이 10여 개나 된다. 평생교육 과정을 통해 에어로빅, 칼림바, 민화 그리기 등의 취미활동은 물론, 전문적인 교육으로 2019년에는 그린농업 기술대학 원예과 12기 졸업생이 됐다. "왜 그렇게 배우느냐"

라는 질문에 아내는 장사를 시작하고 아침부터 밤까지 종일 식당에 매여 있어야 했던 일상에서 온전히 자신만의 시간을 보내는 것이 좋다고 했다.

"무언가를 배우면 온전히 자신을 들여다보게 되고 내 색깔을 찾게 되는 것 같아요. 누구의 엄마도 부인도 아닌 나 자신. 내가 성장하는 느낌이 들죠. 이런 기분 때문에 배움을 이어가고 있어요."
"내가 무언가를 열심히 하고 즐거워하면 아이들한테 귀감이 되고 좋은 기운을 불어넣을 수 있겠다 싶었어요."
"살면서 한 번도 내 마음속에 있는 것들을 써 본 적이 없었는데, 내 속의 이야기를 시로 쓰고 남들 앞에서 낭송하면서 가슴 떨리고 벅찼어요."

시작한 계기는 다르지만 평생교육의 매력에 푹 빠진 사람들의 이야기를 들어보면, 모두 비슷한 이유로 행복하다. 망설이고 망설이다 큰마음 먹고 용기를 냈는데 진작 시작할 걸 그랬다거나 배우고 있는 동안 시간이 어떻게 가는지 모르겠다는 사람이 대부분이다. 학창 시절 이후 놓았던 배움의 끈을 평생교육으로 다시 잡은 후 '신세계를 만났다'는 찬사를 듣기도 했고, 평생교육을 통해 새로운 꿈을 찾게 되는 경우도 보았다. 이렇게 평생학습은 일상에 에너지와 활력을 더하고 스트레스 해소에 도움이 된다.

화성시에는 332개의 평생교육기관이 있다. 평생교육기관은 크게 평생교육법에 의한 기관과 기타 법령에 의한 평생교육기관 유형으로 구분되며, 평생학습관, 대학(원)부설 평생교육시설, 학교형태의 학력인정 평생교육시설, 원격 평생교육시설, 사업장부설, 시민사회단체부설, 언론기관부설, 지식인력개발 형태 등이 평생교육법에 의한 기관에 해당한다. 이외에도 복지시설, 직업교육학교, 주민자치센터, 도서관, 문화예술시설에서 주관하는 평생교육기관이 있으니 필요에 따라 마음껏 이용하면 된다.

시민대학

"배우고 싶은 게 많아요. 그중에서도 영상 촬영과 편집 기술에 대해 좀 더 깊이 있게 배워보려고 합니다. 이것을 잘 배워서 제가 봉사활동을 하고 있는 지역사회보장협의체를 홍보하는데 활용할 생각이에요."

직업군인으로 19년, 교수로 21년 재직해오다 정년퇴임 후 시민대학을 만난 수강생의 학습계획이다. 남들은 배울 만큼

누구나 와서 즐겁게 공부할 수 있다

배웠는데 무엇을 또 배우느냐고 이야기하지만, 새로운 것을 알아가는 즐거움이 퇴임 후 찾아온 공허함을 채우는 데 큰 도움이 됐다고 전한다. '온라인 시대 스마트 기기 활용법' 강좌를 선택했고, 매회 3시간씩 총 12회 동안 수업을 들으며 생활이 확 달라졌다고 했다. 카메라 앱을 이용해서 사진을 보정해 가족 단톡방에 올리고, 스마일페이를 사용해 모바일 교환권을 선물하니 탄성이 쏟아지는 게 시민대학으로 계속 이끄는 원동력이 됐다. 스마트렌즈를 활용해 식물의 이름과 특징에 대해 알 수 있게 된 것도 시민대학으로 얻은 새로운 재미다.

화성시에서는 2021년부터 '화성시대, 화성시민대학'이라는 캐치프레이즈와 함께 시민들의 평생학습 이력을 관리하고 명예학사를 주는 화성시민대학을 운영하고 있다. 개별 사업으로 운영 중이던 시민 교육과정을 시민대학으로 종합 및 체계화했다. '화성시대'는 화성시민대학을 줄인 말이기도 하고, 이미 열린 화성시의 전성기를 의미하는 말이기도 하다. 수준 높은 교육과정으로 구성된 6개 분야, 총 19개 강좌가 개강해 코로나19로 여러 가지 어려운 상황임에도 화성시민대학에는 많은 시민들이 적극적으로 참여하고 있다. 넓은 강의실만 활용해 학습자 간 가림막을 넓게 설치하고, 방역수칙을 철저히 지키면서 대면 수업을 진행하고 있다. 이후 언제라도 거리두기 단계가 상향 조정되면 비대면으로 전환할 준비도 단단히 되어있고, 내년에는 (구)농수산대학을 리모델링해 이전하면서 더 확장 운영될 예정이다.

문학, 역사, 철학 등 삶의 근원과 의미를 탐구할 수 있는 '인문학', 화성의 과거, 현재를 이해하고 미래를 그리는 지역학인 '화성학', 이웃, 지역과 함께 성장하는 활동적인 시민을 위한 교육 '시민학', 미래사회 대비 진로탐색 등 생애전환기 학습설계를 위한 '미래학', 심리 안정과 치유를 통해 건강한 시민 사회를 조성하는 '웰빙학', 지속 가능한 삶을 위한 생태, 환경, 생활교육 '생활학'까지 6개 학과를 운영하며 2021년 기준 1학기 243명, 2학기 277명이 화성시민대학을 수료했다,

온국민평생장학금

다가올 사회는 포스트 코로나, 4차 산업혁명, 저출산 고령화 등 급격한 사회 변화에 따라 미래에 대한 불확실성이 급속하게 증가하고 있다. 이러한 변화는 성인의 평생교육 활성화를 통해 지속적인 역량 개발을 요구한다. 국가도 모든 국민이 평생에 걸쳐 학습할 수 있는 권리를 법적으로 보장하기 위해 보편적 학습권, 평생학습 이용권에 대한 개념을 명문화했고, 이를 구체화하기 위한 시행령도 개정했다. 그럼에도 불구하고 교육비 부담으로 인해 배움을 망설이는 경우가 많다. 그래서 고안한 것이 '화성형 온국민평생장학금'이다.

2018년부터 국가평생교육진흥원에서 시행하고 있는 평생교육 바우처제도가 국민에게 보편적 학습권을 보장하기 위한 첫 걸음이었다면, 화성형 온국민평생장학금은 모든 시민의 전 생애에 걸쳐 교육받을 수 있는 보편적 학습권을 보장하기 위한 시작으로, 평생 교육의 인식 전환과 발전을 위해서는 앞으로 연령과 세대, 직업 상태에 관계없이 누구나 경

모두의 문제에 대해서는 모두가 들을 수 있어야 한다

제적 부담 없이 배움을 이어나갈 수 있는 장치인 것이다. 더 나아가 대표적인 한국판 휴먼뉴딜 사업이자 지방자치단체형 교육 뉴딜 사업으로 미래형 평생학습도시를 구현하기 위한 사업이자 지방자치단체 시민형 장학사업 모델 선도하고 21세기형 복지제도 한국형 기본소득을 발판을 마련하는 계기가 될 것이라 믿고 있다.

화성형 온국민평생장학금은 2021년 기준 화성시에 3년 이상 거주한 만 30세~만 35세 시민 중 취업, 경력단절, 직무 전환을 위해 평생교육을 수강하는 시민을 대상으로 결제에 사용할 수 있도록 등록된 평생교육기관에서 개인이 결제하면 사후 정산하여 현금으로 지급하는 방식이다. 1단계 직업, 취업교육을 시범 사업으로 추진한 후 성과분석 등을 통해 사업대상과 사업비를 확대할 예정이다.

무엇보다 화성형 온국민평생장학금 시범 사업은 시민의 보편적 학습권 보장을 위해 평생학습 활성화를 위한 지원체계를 구축하는 것으로 평생학습 프로그램이나 취업 프로그램, 일자리 지원사업과는 사업 방향이 다르다. 평생학습이나 취업지원 사업이 프로그램 중심 운영이라면 온국민평생장학금 시범 사업은 프로그램과 평생학습 이용자를 이어주는 매개이자 동시에 활성화하는 촉매제 역할을 수행한다.

2021년 1월 평생교육 바우처 발급대상을 전 국민으로 확대하고, 평생교육 바우처의 발급·관리 권한을 지방자치단체에도 부여하는 내용의 「평생교육법 일부개정안」이 국회에 발의됐다. 화성시를 포함한 일부 지자체에서 평생장학금, 평생학습 이용권 등의 도입을 추진하고 있으나, 경기도 내 시·군 간 재정자립도 등의 문제로 보편적 학습권 보장이 어려운 상황이다. 따라서 21세기형 복지제도 한국형 기복소득의 발판을 마련하고, 지방자치단체 주도의 평생학습 혁신 모델 창출을 위하여 '경기도형 온국민평생장학금' 도입 및 시·군 연계 사업 추진을 건의하기도 했다.

노인대학

　인생 100세 시대와 더불어 우리 사회는 이미 고령화 사회에 들어서고 있다. 노인인구의 비율이 과거 소수에서 사회 다수가 되는 시대가 고령화 사회로, 노인대학이야말로 우리사회가 진입한 고령화 시대를 살아가기 위해 반드시 거쳐야 하는 관문이자 남은 노년이 더욱 값진 삶이 되도록 인생의 항로를 재정비하는 과정이다. 노인대학에서의 유익한 배움과 폭넓은 인간관계는 인생을 더욱 풍요롭게 만드는 삶의 전환점이 되고, 수료 어르신들에게는 사회 발전에 기여하는 구성원으로서 긍지와 자부심을 심어준다.

　"생활의 활력소가 되고 있죠. 여기서만큼은 젊은 시절 마음 그대로 무엇이든 할 수 있을 것 같은 기분이에요. 친구들도 만나니 좋고요."

　초등학교 교장으로 정년퇴직한 후 노인대학에 다니는 어르신은 노인대학을 통해 전반적인 삶의 만족도와 행복지수를 모두 높인 케이스다. 은퇴 후 더 이상 명함이 없다는 것에 적응하기까지 한참이 걸렸는데, 그러고 나서도 사회적·경제적으로 소외된 느낌이 들어 전에 없던 소화불량과 두통까지 생겨 고생 중이었다. 외부 활동을 회피하고 사람들을 만나지 않으며 힘든 시간을 보내던 중, 노인대학을 만나 큰 도움이 됐다. 노인대학에서 수업을 듣고 난 오후에는 동화 구연을 가르치고 자원봉사도 하고 있다. 이 분처럼 오랫동안 직장 생활을 마치고 은퇴를 하게 되면 갑자기 건강이 악화되는 사람이 있다. 은퇴 과정에서 겪는 스트레스로 질병이 생기기도 한다. 새로운 성장과 성숙, 출발이 될 수 있는 노인대학이 필요한 이유다.

노인대학은 경로대학, 노인학교, 노인평생교육원, 노인교실 등 노인 대상 교육기관을 포괄해 부르는 이름이다. 법적으로 노인대학이라는 명칭은 없고, 노인복지법 제36조 노인여가시설 중 노인교실이 여기에 해당한다. 노인대학은 복지와 평생교육이라는 두 축에서 접근할 수 있으며 대개는 무료한 시간을 보낸다는 데 방점이 찍혀 있다.

보건복지부 자료에 따르면 2021년 노인교실(노인대학)은 전국에 1,291개가 있다. 운영 주체에 따라 조금씩 차이가 있지만 형태는 비슷하다. 운영일수는 주당 1회가 대부분이며 여름과 겨울방학을 제외하고 보통 6~8개월간 문을 연다. 프로그램은 특별활동이나 강의를 통한 교양강좌와 함께 경로식당, 미용 봉사, 생신잔치, 건강검진 등의 복지 프로그램이 제공되는 경우가 많다. 1년에 2회 정도 졸업여행이나 효도

관광, 견학, 야유회 등 나들이 행사도 갖는다. 강좌는 건강증진, 교양교육이 대부분이고 교회에서 운영하는 노인대학은 예배와 노래 율동, 특강 등이 추가된다.

화성시에는 경기도에서 가장 많은 노인대학이 있다. 전국 대한노인회 지회마다 한곳이 있고 한 해 졸업 또는 수료생이 100명 내외인 것이 일반적인데 비해 대한노인회 화성시 지회에서는 11개 노인대학에서 매년 700여 명의 수료생이 배출되고 있다. 민간에서 운영 중인 노인대학까지 포함하면 전국 최고의 노인대학도시라고 해도 과언이 아니다. 코로나19 확산으로 인한 사회적 거리두기가 장기화됨에 따라 운영이 중단된 상태지만 배움에 대한 열정만큼은 그 누구보다 크고 뜨겁다는 것을 잘 알고 있다. 새로운 삶을 시작하기에 절대 늦은 시기란 없다. 인생의 또 다른 시작을 계획하고 새로운 삶으로 두려움 없이 나아갈 수 있도록 노인대학이 더 많이 활용되기를 바란다.

다양해서 더 좋은
다문화교육

　지난 11월 국가교육통계센터 자료에 따르면 2021년 기준 다문화 학생은 16만 56명으로, 전체 학생 중 3%를 차지하는 것으로 집계됐다. 이 중 초등학생이 11만 1,371명으로 70%에 달했고 중학생 3만 3,950명, 고등학생 1만 4,307명 등이었다. 다문화 학생은 교육부의 다문화 교육 관련 정책이 수립되기 시작한 2006년만 해도 1만 명이 되지 않았지만, 15년 만에 16배로 증가했다. 시간이 흐르면서 초·중·고교에 진학하는 학령기 자녀 비율도 크게 늘었다. 여성가족부와 행정안전부에 따르면 다문화가정 자녀 가운데 학령기 자녀 비율은 2016년 43.6%에서 2019년 55.8%로 높아져 집계한 이후 처음으로 절반을 넘어섰다. 현재 초등학교에 재학 중인 다문화 학생 상당수가 앞으로 상급학교에 진학해 중·고교의 다문화 비율도 점차 높아질 것으로 전망된다.

다문화 학생이 가장 많은 지역은 단연코 경기도다. 경기(4만 667명), 서울(1만 9,368명)이며, 경기도 교육청에 따르면 지난해 도내 다문화 학생 비율이 가장 높은 5개교에선 이미 70%를 넘긴 것으로 나타났다. 가장 비율이 높은 학교는 전체 학생 중 96.1%가 다문화 학생이라고 한다. 더 이상 일부 지역에 국한된 현상이 아니라 우리 주변에서 다문화 가족을 어렵지 않게 만나고 함께 살아가는 사회가 된 것이다.

화성시는 2007년 '화성시에 거주하는 외국인들의 지역사회 적응과 생활 편익 향상을 도모하고 자립 생활에 필요한 행정적 지원방안을 마련함으로써 지역사회의 일원으로 정착할 수 있도록 하는 것'을 목적으로 「화성시 거주 외국인 지원조례」를 처음 제정했다. 2008년에는 「화성시 외국인 복지센터 설치 및 운영조례」가 제정됐으며 이와는 별개로 2015년 「화성시 다문화 지원에 관한 조례」가 제정되었는데, 이 조례는 '화성시에 거주하는 다문화 가족이 안정적인 가족생활을 영위하고 지역사회 구성원으로서 더불어 살아갈 수 있도록 이들의 삶의 질 향상을 위한 제반 환경을 조성하는데 필요한 사항을 규정함'을 목적으로 했다. 따라서 이 조례의 대상은 다문화 가족이 되며, 다문화 가족은 「재한외국인처우기본법」상 제2조 제3호의 결혼이민자(대한민국 국민과 혼인한 적 있거나 혼인관계에 있는 재한외국인), 국적법상 제2조에서 제4조의 국적 취득자(출생에 의한 국적취득, 인지에 의한 국적취득, 귀화에 의한 국적취득)로서의 화성시민을 의미한다는 것이 조례의 핵심이다. 2020년 7월에는 '화성시에 거주하는 다문화 가족 및 외국인 주민의 안정적인 가정생활 영위와 자립생활에 필요한 지원방안을 마련함으로써 이들이 지역사회의 일원으로 정착할 수 있도록 하는 것'을 목적으로 정한 통합조례 제정을 통해 지원 대상과 목적을 보다 구체화했다.

관련 법·제도의 기틀을 다지는 동시에 지역사회 구성원으로서 다문화 가족 지원, 특히 교육에 집중했다. 다문화 가족 대상 교육, 부부 및 가족 간 성평등 교육, 다문화 이해 교육 및 인권 감수성 교육, 다문화 이중언어 가족환경 조성 사업, 결혼이민자 취업교육 등 다양한 교육 활동 프로그램은 다문화 가족의 지역사회 적응에 도움이 될 뿐만 아니라 다른 문화에 대한 편견을 줄이고 상호 이해와 평등을 중요한 가치로 인정하는 사회적 분위기를 조성하는 데에도 도움이 된다.

도시에는 다양한 사람들이 산다. 그만큼의 이해가 더 필요하다

이중언어교육

다문화 교육이 건강한 다문화 사회로 나아가기 위한 첫걸음이라면 언어교육은 가장 핵심적이고 중요한 요소이다. 그 중에서도 이중언어 교육을 더 특별히 중요하게 생각하는 이유가 있다.

"쓰기는 써요. 근데 말은 못 하고, 간단하게 듣는 거. 중간 수준. 애가 나가서도 한국말로 대화하니깐, 습관이 되는

거예요. 학교에서 중국말을 하면, 따돌려요. 그러면 애들
도 하기 싫더라구요."

"저희는 처음에는 남편 반대했어요. '여기 한국에 사니까
자꾸 한국말을 해야 한국말이 늘지. 그리고 애들 이상한
말 안 해야지. 베트남말 하지마!' 그전에는 그랬어요. 한
3~4년. 요새는 생각이 바뀌었어요. 저도 베트남말도 하고
애들도 베트남말 배우고."

"얘는 한국식으로 문화를 받고 있는데, 나는 니가 하는 말
은 몽골어… 이게 있는데, 이걸 어떻게 하나로 복구하지
그래가지고 우리 아들이 나한테 한번 욕한 거야. '으이씨'
이렇게 그래서 제가 데리고 온 거예요. 애가 나한테 욕을
한다고. 이렇게 하니깐. 저 또 왜냐면 말이 안 통하니깐,
엄마가 이주여성이고 말이 안 통하고, 하고 싶은 말을 부
족하니깐. 그게 폭력으로 나와요."

이중언어란 다문화 가정 자녀들이 한국어와 부모의 언어
를 함께 구사하는 것을 말한다. 부모가 자신의 모국어로 자
녀와 의사소통하기를 원하는 것은 당연한 일이고, 또 반드시
그럴 수 있어야만 한다. 그럼에도 불구하고 많은 다문화 가
족들이 부모와 자녀 간 언어의 장벽으로 인한 고민을 토로
하고 있는 것이다. 부모님의 모국어와 한국어 등 2가지 이상

한 마음으로 하나될 수 있다

의 말을 습득해야 하는 다문화 가족 자녀들에게는 의사소통
이 일상생활에 있어 큰 장벽으로 꼽힌다. 부모와 자녀가 서
로 의사소통이 되지 않는 상황에서 대화의 소재는 단편적일
수밖에 없고, 의사소통이 정확하게 이뤄지지 않아 아예 대화
가 단절되거나 가정폭력으로 이어지는 경우도 많다. 언어가
서로의 마음과 생각을 전달하는 수단으로 결국 가족 간의
화목에도 절대적인 영향을 미치게 된다는 점을 감안하면 의
사소통은 반드시 해결되어야 할 과제다.

조금만 시야를 넓혀도 다양한 언어를 구사할 수 있는 능력이 글로벌 인재의 필수 요건 중 하나인 시대인 만큼, 어려서부터 자연스럽게 이중언어를 습득할 수 있는 환경에 노출되어 있는 다문화 가족 자녀들에게 오히려 기회가 될 수 있다는 사실을 알 수 있다. 문제는 이중언어 교육에 대한 지원과 정책에 많은 사회적 비용과 시간이 필요하다는 것인데, 관심을 가지고 노력하면 충분히 가능한 일이다.

화성시는 다문화 가족이 가정 내에서 자녀의 영·유아기부터 이중언어로 소통할 수 있는 환경을 조성할 수 있도록 지원하고 향후 전문 통번역 인력으로서 이들이 마음껏 역량을 펼치며 지역사회와 함께 성장할 수 있는 터전을 마련하기 위해 노력하고 있다. 이중언어 도서를 제작하여 도서관 등 71곳에 배부하고, 해당 도서를 활용한 독서지도 교육 및 글쓰기 대회, 이중언어 말하기 대회를 개최한다. 모두 외모, 국적에 상관없이 공평하고 행복하게 교육받을 권리를 보장하기 위한 시도다.

2021년 1월 열린 이중언어 말하기 대회에서 한국어와 중국어를 구사하며 대상을 수상한 학생의 "이번 대회를 준비하면서 엄마나라 문화와 언어에 대해 자부심과 자신감이 생겼다. 세계시민을 향해 나아가는 사람이 되겠다."라는 소감을 듣고, 더 큰 책임감을 갖게 됐다. 다문화 교육은 건강한 다문화 사회로 가는 첫걸음이라면 언어교육은 사회적 통합을 위한 실질적인 밑거름이 될 것이다.

우리동네 빅마마

다문화 가족의 수가 늘어남에 따라 경제적인 어려움과 가족관계, 돌봄에 대한 어려움을 호소하는 다문화 가정 또한 적지 않은데, 문제는 아이들이다. 가정에서 방치되다 되다 보니 정서적 지지를 받지 못해 학교에서 또래 관계를 형성하는 데 어려움을 겪고, 자존감 저하, 무력감, 우울증까지 겪는 경우도 있다. 사례를 하나하나 들어보면 심각한 수준이다. 아이는 물론이고 사람이 사는 환경으로 볼 수 없는 곰팡이가 핀 집에서 엄마와 아이가 단둘이 살고 있는데 엄마가 한국어로 의사소통이 자유롭지 못하니 2학년 아이가 한글을 읽지 못했다거나, 아내와 이혼 소송을 하며 혼자 어린 자녀를 키우는 아빠의 이야기를 통해 앞으로 나아가야 할 길이 멀었음을 실감한다.

현실이 이렇다 보니 어렵게 학교를 들어가더라도 학업을 중도에 포기하는 등 다문화 학생의 교육 격차가 심화하고 있는 것은 당연한 일이다. 한국교육개발원에서 발표한 '통계로 본 교육격차의 현황'을 보면, 전체 초중고교에서의 학업 중단율은 2007년 0.6%, 2008년 1.1%, 2009년 0.9%였다가

2017년 초등학생 1.3%, 중학생 2.1%, 고등학생 2.7%로 상승한 것으로 나타난다. 다문화 학생은 상급학교로 올라갈수록 높은 학업 중단율을 보였으며, 다문화 가정 초등학생의 학업 중단율은 일반 가정 자녀와 비교하면 약 4.5배 높은 수준이다.[10] 다문화 학생에 대한 교육과 취업 기회를 높이기 위한 노력에도 불구하고, 이들은 여전히 '기울어진 운동장'에 서 있다는 것을 알 수 있다.

현실적으로 경제적 여건이 어려운 가정에서 개인의 노력으로 교육과 돌봄 문제를 전부 해결하기에는 한계가 있을 수밖에 없다. 지역사회 공동체가 다문화 가족에 한걸음 다가가 그들이 겪는 어려움을 이해하고 함께 해결하려는 노력이 필요한 이유다. 화성시가 '우리동네 빅마마' 프로그램을 도입한 이유이기도 하다.

'우리동네 빅마마'는 같은 동네에 거주하고 있는, 그리고 양육경험이 있는 50~60대 여성들이 다문화 가정의 자녀를 돌보는 프로그램이다. 지역 안에서 이 아이들의 먼저 돌볼 수 있는 방안을 고민하다 지역의 엄마들이 다문화 가정에 가서 엄마 역할을 해주기로 했다. 같은 동네에 거주하고 있는 이웃이라는 점, 양육경험이 있는 육아 선배라는 점에서 실질적인 도움을 준다. '빅마마들'은 지역돌봄활동가 교육을 이수한 후 다문화 가족 발굴 및 자녀 돌봄 서비스, 심리 정서지원 및 학습지도, 다문화가족 및 부모교육 등에 참여하고 있다.

다문화 가족에 대한 지원은 개인 혹은 어느 가정에 대한 지원인 동시에 공존과 상생의 가치 확산, 진정한 사회통합이라는 관점에서도 의미가 있다. 인종, 국적에 따른 차별과 배제 없이 다양성이 존중받는 사회를 만들기 위한 우리의 시도가 더욱 널리 확산되기를 기대한다.

새로운
청년들

　세상을 바꾸고 역사에 큰 영향을 미친 인물의 삶은 어떻게 다를까? 빌 게이츠는 스무 살에 마이크로소프트를 창업했고 서른 살, 역사상 처음으로 30세 억만장자가 됐다. 세계 일주로 유명한 미국의 저널리스트이자 작가 넬리 블라이는 스물네 살이었던 1889년 세계 일주에 도전에 72일 만에 세계 일주에 성공했다. 찰리 채플린은 스물다섯 살에 출연한 영화만 35편에 달했고, 찰스 디킨스는 서른여덟 살이 되던 해에 본인이 가장 좋아했던 작품 『데이비드 코퍼필드』를 출간했다. 좋아하는 분야가 일찌감치 확실하고, 재능을 발휘할 수 있는 도구나 무대가 있다면 나이와 성공은 상관없다.

"19**년생이면 나이가 어떻게 되는 거지?"
"과장보다도 어린 센터장님이 오시네."

서연이음터 센터장에 8급 주무관을 임명한다는 것이 알려진 날, 시청이 술렁였다. 나이로 보나 직급으로 보나 파격 인사였으니 그럴 만도 했다. 최연소 산하 기관장이자 최초의 8급 기관장이다. 젊은 주무관을 센터장으로 임명한 것은 즉흥적인 결정이 아니었다. 서연이음터가 위치한 동탄8동의 평균연령은 2021년 11월 기준 33.3세로 매우 낮다. 화성시 전체 평균연령이 37.8세로 전국에서 가장 젊은 도시인 것을 고려하더라도 다른 읍면동에 비해 매우 젊은 편이다.

게다가 이음터라는 공간 자체가 '마을교육공동체 실현'을 위해 마을과 학교, 주민이 함께 쓰는 학교복합화시설인 만큼 다른 기관보다 청소년, 청년 등 젊은 이용자 비중이 높다. 그런 점에서 그들과 비슷한 경험, 가치관을 가진 청년 세대 주무관을 센터장으로 임명한 것은 이용자가 실질적으로 체감할 수 있는 사업을 추진하겠다는 의지의 표현인 동시에 청년에게 일할 기회를 주는 방안을 오랫동안 고민해 온 결과다.

2020년 2월 청년기본법이 제정되고 청년에 대한 사회적 관심이 높아졌지만, 아직 청년들의 삶은 여전히 힘들다. 수많은 청년지원책 중 막상 자신이 필요한 것을 찾기 어렵고 실제 내 삶이 얼마나 나아졌는지, 그래서 얼마나 행복해졌는지는 의문이라고 말한다. 이는 곧 사회 구조를 바꿔야 한다는 소리다. 경제적 지원 등 근시안적 대책으로는 해결할 수 없다.

전체 인구 중 청년 인구가 30%에 육박하는 화성시로서는 청년이 살고 싶은 도시가 곧 살기 좋은 도시이고, 그 방법을 청년과 함께 고민하는 것은 당연한 일이다. 청년이 단순히 정책의 수혜자가 아닌 주체이자 제안자가 되어 함께하는 공동체가 되어야 한다는 분명한 목적을 가지고, 청년들을 위한 공간을 만드는 것부터 시작했다. 공간이 있어야 사람이 모이고, 사람이 모이면 새로운 아이디어와 일이 생긴다. 그런 점에서 새로운 공간의 탄생은 언제나 반가운데, 열정적이고 번뜩이는 아이디어가 가득할 것만 같은 청년 공간은 오죽했을까.

'화성시 청년지원센터 헤이[HEY]센터'는 경기청년공간 '내일 스퀘어' 공모사업에 선정돼 사업비 5억 6,000천만 원(도비 2억 4,000만 원)을 확보해 설립됐다. 단순히 회의실 기능에 목적을 둔 공간이 아니라 자신의 생각을 공유하고 새로운 의견을 나누면서 꿈을 키우는 공간, 인큐베이터로서의 역할을 하는 것이 목표다. 동시에 지역의 청년을 발굴하고 이들을 이어주는 데 집중하고 있다. 도시의 면적이 넓고 물리적인 거리가 먼 만큼, 같은 꿈을 꾸는 청년들 간에도 서로가 서로를 알기 어렵다. 지역에서 다양한 방식으로 자신만의 색깔을 가지고 주체적인 삶을 살아가는 청년들을 찾고 이들이 서로 이어질 수 있도록 하는 공간이자 매개체가 되어 청년지원센터 사업을 계획했다. 청년공간거점사업과 청년문화주간사업을 연계·운영하는 방식으로 지역의 크고 작은 청년 거점 공간과 센터가 협업해 이를 통해 청년이 교류할 수 있는 시스템을 만들어 갈 계획이다.

무엇보다 화성의 첫 번째 청년지원센터인 만큼 되도록 보편적 청년들을 위한 다양한 사업을 담으려고 노력했다. 여기에 지역 청년들의 특성을 알기 위한 '청년연구실험실'과 코로나19로 조금 더 심각한 삶의 위기감을 극복하기 위한 '희망멘토링 사업'을 추가로 준비하고 있다.아울러 프로그램 운영비로는 총 1억 규모의 예산을 편성하여 청년공론장, 소셜다이닝, 진로탐색학교, 청년도시학교, 심리상담 등을 운영할 예정이다. 추가로 고용노동부 '청년센터 운영사업' 공모에 선정돼 운영에 필요한 사업비 1억 5,000만 원을 지원받았다. 이를 통해 취업, 창업 특강과 직무탐색교육, 청년농부활성화

사업, 청년연구실험실 외에도 청년 맞춤형 정책 통합안내 및 홍보를 위한 사업을 운영할 예정이다. 그 밖에도 일자리정책과 청년팀에서는 청년문화주간과 청년공간거점 사업을 추진하면서 지역에 있는 청년들을 이어주는 사업들을 동시에 진행한다.

'청년도시학교'는 화성시에 살고 있는 청년들을 대상으로 '살고 싶은 도시'를 직접 기획해 보는 프로젝트이다. 참여자 중 한 청년이 "지역의 청년들, 특히 나와 비슷한 고민을 하는 재미있는 청년들을 만날 수 있겠다는 기대를 가지고 도시학교에 참여했다"라고 말한 것처럼 도시학교는 청년들이 자신의 삶과 도시를 연결 지을 수 있도록 했다 '도시 인문학', '여행하는 도시', '실험하는 도시'라는 세 개의 섹션으로 구성되어 있으며, 총 13명의 청년이 3개월 동안 참여했다. '도시 인문학'은 출발이 거창하지 않았지만 꽤 크고 괜찮은 결과를 이룬 이들을 강연자로 구성해 다양한 삶의 경로를 보여줄 수 있도록 했고, 무엇보다 자신이 원하는 삶에 대한 탐색의 시간이 중요하다는 것을 청년들에게 전달했다. 화성을 여행하는 프로그램 '여행하는 도시'에서는 소다미술관 장동선 관장 등 혼자라면 만나기 어려운 지역의 인물들과 연결되는 자리를 만들었다. 그리고 '실험하는 도시'를 통해 2~3주간에 걸쳐 자신이 원하는 디자인하고 실행해 보도록 했다. 이후 도시학교를 경험한 청년들은 자연스럽게 센터의 다른 프로그램으로 연결되었으며, '또래학교'의 강사로 활동을 하거나 '청년 농부 in 화성'의 청년기획단으로 활동하는 등 각각의 프로그램에서 단순한 참여가 아닌 주체적인 역할을 맡아서 활동하기에 이르렀다.[11]

일자리 지원 등 기본적인 청년지원사업 이외에도 농어업에 종사하는 청년들에게 대한 특별 지원 정책도 있다. 지역의 특성을 반영한 청년농업인 육성사업, 청년어업인 정착 지원 등 다양한 분야의 정책들을 청년들에게 소개하고 연결하는 허브 역할을 하고 있다. 특히, 청년 농부들을 연결하고 지역의 다른 청년들과 네트워크 할 수 있도록 하는 '청년농부 in 화성' 사업은 청년과 농촌이 소통하고 관계 맺으며 함께 성장하는 방안이 될 것으로 기대하고 있다.

화성시 청년지원센터의 이름 '헤이HEY'에는 반갑게 맞이하는 의미도 담겨 있다. 그 의미처럼 언제나 청년을 반갑게 맞이할 준비를 하고 있으니 언제든 찾아오라고 말하고 싶다. 청년공간이 있지만 정작 이용대상인 청년이 청년공간에 대해 모르고 있고 이용자 수가 적다는 뉴스를 볼 때마다 새삼 안타까운 마음과 미안함이 교차한다. 청년지원센터는 언제

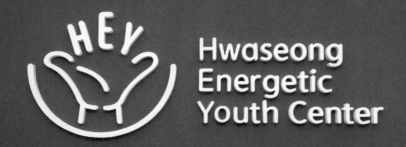

청년이라면 누구나 환영이다

나 귀를 열어두고 있다. 청년들의 수많은 고민과 제안을 들을 준비가 되어 있으니 보다 많은 청년들이 찾아와 다양한 사업에 참여하고, 새로운 미래를 열어갈 도약의 발판으로 활용하면 좋겠다.

새로운 도전을 위해서는 누구에게나 잠시 멈춰있는 시간이 있다. 전환과 모색을 위한 고립과 단절, 그 시간 동안 청년에게는 사회적 지지가 필요하다. 적당히 말로 얼버무리거나 일시적 정책지원금이 아닌 청년 시기에 필요한 사회적 경험과 사회관계 형성을 공정한 방식으로 지원함으로써 보다 많은 청년들이 과감하게 도전할 수 있게 될 것이다.

　나 역시도 기성세대에 반항하며, 치열하게 산다고 자부하던 청년시절이 있었다. 공군사관학교를 졸업 후 공군에서 5년간의 병역 의무기간을 마치고 곧바로 민주당에 입당했다. 지금이야 20대 대학생이 청와대 비서관으로 임명되고 30대 당대표가 나오기도 하지만 당시만 해도 20대 후반의 나이로 내가 맡을 수 있는 당무가 없었다. '일단 취직을 해야겠다'는 마음에 기아자동차에 입사했는데 내가 들어간 지 얼마 되지 않아 기아자동차가 부도났다. '계속 다니며 인수합병 절차를 기다리자, 시간이 지나면 정상화된다'는 주변의 만류를 뿌리치고 사표를 썼다. 회사원으로서의 삶이 당장 몇 년은 편할 수 있겠지만, 그건 내 길이 아니었다. 회사를 나와 사관학교 동기와 선후배 중 의무기간을 마치고 전역한 청년 전역장교 60명을 모아 대통령 후보 김대중 지지선언을 하며 정치를 시작했다. 그 때 나이가 만 29세였다.

　"처음부터 모든 걸 기획하고 '보틀워크'를 만든 줄 알았어요. 그래서 너무 대단한 사람들이란 생각만 들고, 정작 난 무엇을 할 수 있을지 모르겠다고만 생각했죠. 하지만 하고 싶은 게 있다면 아주 작게, 내가 가능한 만큼만 해봐도 괜찮겠다는 생각이 들었어요."

'청년도시학교'에서 '보틀팩토리' 정다운 대표의 강연을 들고 난 한 청년의 소감처럼, 청년들에게 도전할 수 있는 용기를 주고 싶다. '청춘'이라고 불리는 시기가 좋은 가장 큰 이유는 실수를 좀 해도 누가 뭐라고 하지 않고, 실패해도 얼마든 다시 도전할 수 있는 기회가 있다는 것이다. 누구도 해보지 못한 것에 대한 아쉬움이 남지 않기를 바라는 마음을 담아 '청년'이라는 점 하나, 하나를 새로운 점으로 이어가며 청년과 함께 내일을 도시를 만들어 가는 중이다.

하고 싶은 걸 다 할 수 있는 것, 그게 청년이다

주

1 〈한국 청소년 운동 부족 세계 최악…여학생은1 46국 중 '꼴찌'〉, 김정화, 서울신문, 2019년 11월 22일.

2 〈韓 청소년 94% '운동 부족'… 필리핀·캄보디아·수단 수준〉, 김남중, 서울신문, 2019년 11월 22일.

3 〈엘 시스테마의 어두운 그림자와 불안한 미래〉, 장지영, 올댓아트, 2019년 4월 2일.

4 〈[크리에이터 뷰⑱] 중학생에서 대학생까지, 유정의 소중한 타임라인〉, 류지윤, 데일리안, 2021년 7월 14일.

5 〈덕후 전성시대-'덕업일치' 한 우물 판 덕후가 성공한다 꿈도 이루고 짭짤한 수익까지 '일석이조'〉, 류지민, 노승욱, 매일경제, 2019년 6월 21일.

6 〈초·중·고등학생 하루 스마트폰 이용 시간 3년 새 훌쩍〉, 이유진, 스카이데일리, 2019년 10월 6일.

7 〈증강인류①, 스마트폰의 습격〉, 강훈상, 연합뉴스, 2011년 10월 24일.

8 〈[오종남의 퍼스펙티브] AI 시대, 기업은 감성·인성 갖춘 사람 원해〉, 오종남, 중앙일보, 2021년 10월 4일.

9 국회 입법·정책보고서 제34호, 〈초·중등 소프트웨어교육 운영실태와 개선과제〉

10 〈[위치칼럼] 다문화 학생 3% 시대의 교육〉, 박성호, 뉴스위치, 2021년 10월 25일.

11 〈화성 청년을 위한 안전한 실험실, 청년도시학교〉, 이슬기, 오마이뉴스, 2021년 12월 31일.

찾아보기

살기 좋은 도시, 화성을 위한 돌봄과 평생교육 추진기

도시를 그리다

초판 인쇄   2022년 2월 17일

초판 발행   2022년 2월 23일

지은이   서철모

펴낸이   김승욱

편집   김승욱 심재헌 박영서

디자인   최정윤

마케팅   채진아 유희수 황승현

브랜딩   함유지 김희숙 정승민

제작   강신은 김동욱 임현식

펴낸곳   이콘출판(주)

출판등록   2003년 3월 12일 제406-2003-059호

주소   10881 경기도 파주시 회동길 455-3

전자우편   book@econbook.com

전화   031-8071-8677(편집부) 031-8071-8673(마케팅부)

팩스   031-8071-8672

ISBN 979-11-89318-31-4 03370